AF357588

TRAITÉ

DES

ACCORDS.

TRAITÉ

DES

ACCORDS,

ET DE LEUR SUCCESSION,

SELON LE SYSTÉME

DE LA BASSE-FONDAMENTALE;

Pour servir de Principes d'Harmonie à ceux qui étudient la Composition ou l'Accompagnement du Clavecin.

AVEC UNE MÉTHODE D'ACCOMPAGNEMENT.

Ego nec studium sine divite venâ,
Nec RUDE QUID PROSIT, VIDEO, INGENIUM.
Hor. de Arte Poet.

A PARIS,

Chez {
DUCHESNE, Libraire, rue S. Jacques, au-deſſous de la Fontaine S. Benoſt, au Temple du Goût.
DESSAIN *junior*, Libraire, Quai des Auguſtins, à la Bonne-Foi.

A Lyon, chez JEAN-MARIE BRUYSET, Imprimeur-Libraire, Rue S. Dominique.

M. D. CC. LXIV.

Avec Approbation & Privilége du Roi.

A MONSIEUR

L'ABBÉ ARNAUD,

De l'Académie Royale des Inscriptions
& Belles-Lettres.

MONSIEUR,

VOUS avez jugé que mon Ouvrage pouvoit être utile, & vous m'avez encouragé à le rendre public. Vos connoissances dans la Science de l'Harmonie & dans l'Art de la Musique en général

a iij

pouvoient seules me rassurer sur le sort de
ce Traité, & j'ai cru qu'il importoit à
ses succès de publier qu'il a mérité votre
approbation. En vous en faisant l'hom-
mage, MONSIEUR, je satisfais aux
sentimens d'estime & d'attachement que
vous m'avez inspirés ; je pense que les
Gens de Lettres ne devroient dédier leurs
Ouvrages qu'à des Hommes puissans,
dignes de les protéger, ou à des Sçavans
en état de les juger. J'ai l'honneur d'être
avec la considération la plus distinguée,

MONSIEUR,

Votre très-humble & très-obéïssant
Serviteur, ROUSSIER.

PRÉFACE.

L A Partie pratique de l'Harmonie, c'est-à-dire celle qui regarde les Accords, leur forme, leur succession, est encore assez généralement ignorée ; nous avons cependant sur l'Harmonie plusieurs Ouvrages qu'il suffiroit de lire avec attention pour avoir de tous ces objets une connoissance même profonde. Mais la plûpart des Musiciens, soit amateurs, soit professeurs, loin d'être excités par les difficultés mêmes que présente d'abord la théorie de la Musique, qui fait partie de ces excellens Ouvrages, en sont épouvantés, & aiment encore mieux, les uns renoncer au plaisir d'être éclairés sur

les causes de leurs sensations, les autres
se charger de toute la honte attachée
à l'ignorance, que de faire le moindre effort pour parvenir à s'instruire.

On me dira sans doute que jamais
la France ne produisit tant de Compositeurs qu'aujourd'hui. J'en con-
viens : mais parmi cette foule de
Compositeurs, combien en est-il qui
possédent les Principes de l'Harmonie ? Le dirai-je ? La plûpart en
ignorent encore jusqu'à la découverte ; d'autres, si l'on doit en juger par leurs Ouvrages, n'ont pas
même les premiers élémens d'une harmonie purement pratique. L'oreille,
c'est-à-dire, un certain ressouvenir,
& pour le dire en propres termes,
la simple reminiscence de ce qui a
frappé leurs sens, leur tient lieu de
science, de principes, & souvent même de génie, dans ces productions
dont cependant ils se disent & se
croient les créateurs.

Je ne parle point ici des Accompagnateurs ; il ne faut pas exiger d'eux qu'ils faisissent le vrai des Principes de l'Harmonie, tant qu'ils auront dans l'esprit qu'une telle note, un tel degré du Ton, dans la Basse, doit porter tel accord, ou que tel trait de chant, dans cette même Basse, doit porter telle harmonie (*a*).

(*a*) On revient déja beaucoup de ce préjugé dans les Provinces. La rarété &, si l'on peut dire, la disette des bons Maîtres y produit cet avantage : elle oblige les Amateurs & ceux des professeurs qui veulent se perfectionner dans l'Accompagnement, à recourir aux divers Ouvrages de M. Rameau. Les Principes d'Accompagnement surtout, qui font partie de son *Traité de l'Harmonie*, & le *Plan d'une Nouvelle Méthode*, du même Auteur, font, de ceux qui étudient l'un ou l'autre Ouvrage, comme autant d'Eleves de cet habile homme, tant pour la façon d'Accompagner, que pour l'idée même qu'on doit se former de l'Accompagnement. Les amateurs de la vraie harmonie doivent sou-

J'ai pensé qu'un Traité particulier
sur les Accords, où l'on supprimeroit
toute théorie & tout ce qui appartient
essentiellement à l'Art de la Composition ou à celui de l'Accompagnement, & dans lequel on rassembleroit
tout ce qui peut concerner la succession des accords, j'ai pensé, dis-je,
qu'un pareil Traité pourroit rendre

---

haiter que cette maniere d'Accompagner
s'étend plus généralement dans la Capitale,
où l'abondance des *Virtuoses* de tous les
pays, en perpétuant l'ancienne routine, empêche plusieurs personnes d'aprécier le mérite des nouvelles découvertes & d'en profiter (*).

(*) *La plûpart des Artistes*, comme s'exprime un
Philosophe harmoniste, *attendent que la voix publique
les contraigne à rendre justice au mérite d'une découverte : ce n'est qu'alors*, ajoûte notre Philosophe,
*qu'on voit la fin des argumens pitoyables & des mau-
vaises plaisanteries que leur paresse ou leur vanité leur
suggére contre tout ce qui a l'apparence d'innovation.*
(Essais sur les Principes de l'Harmonie, par *M. Serre*;
premier Essai, pag. 5.)

l'étude de l'Harmonie moins longue & furtout moins rebutante (*b*).

Il s'en faut bien que les Ouvrages qu'on a publiés jufqu'à préfent, tant fur la Compofition que fur l'Accom-

---

(*b*) Je ne prétends pas empêcher néanmoins qu'on ne puiffe toujours recourir foit aux Ouvrages de théorie, foit à ceux qui traitent particulierement de la Compofition ou de l'Accompagnement. Je crois au contraire, à l'égard des Ouvrages de théorie, que la Pratique de l'harmonie étant mieux connue, on fera peut-être plus curieux de voir dans la Théorie même les Principes fur lefquels cette Pratique eft établie. Du refte, quoique mon plan ait été de ne rien toucher à ce qui regarde en particulier la Compofition ou l'Accompagnement, je n'ai pû cependant m'empêcher, lorfque j'en ai trouvé l'occafion, de donner quelques inftructions à ceux qui étudient l'une ou l'autre, d'autant que les Auteurs qui ont traité de la Compofition ou de l'Accompagnement ont gardé le plus profond filence fur les matieres qui font l'objet de ces inftructions.

pagnement, préfentent tout ce qu'il y auroit à dire touchant les Accords ; on a même donné fur cette partie, dans quelques-uns de ces Ouvrages, furtout dans ceux qui traitent de l'Accompagnement, des notions peu exactes & fouvent même très-fauffes ; d'ailleurs, ce qui regarde les Succeffions, n'y embraffe prefque jamais que les cas les plus ufités dans la Pratique ; enfin il femble qu'on y ait voulu circonfcrire dans les bornes étroites de certaines fucceffions, l'harmonie poffible. Toutes ces confidérations m'ont fait croire qu'un Ouvrage exécuté d'après le plan que je viens de tracer devenoit comme néceffaire. Un Homme de Lettres, très-verfé d'ailleurs dans la Mufique & dans la fcience de l'Harmonie, m'a confirmé dans mon idée ; & j'ai ofé publier ce Traité, perfuadé qu'il pourroit être utile aux amateurs de l'Harmonie qui voudroient être ou plus ou mieux instruits qu'on ne l'est, ou qu'on ne peut l'être communement, sur la pratique de cette science ; à ceux particulierement que les contradictions ou les absurdités qu'on leur a fait dévorer ont absolument dégoûtés de toute instruction, ou qui livrés à des Musiciens sans principes sont obligés, pour le petit nombre d'objets qu'ils ont à connoître, d'apprendre une infinité de Régles qui souvent portent sur quelque fausse supposition ou sur un cas particulier & deviennent par là très-embarrassantes, surtout pour ceux que la nature a doués d'une certaine justesse d'esprit.

Telle étoit précisément la position d'une personne à qui différens mauvais principes avoient fait perdre toute envie de continuer l'étude de l'Accompagnement , lorsqu'engagé par quelques circonstances j'entrepris pour elle ce petit Ouvrage. Les avantages qu'elle en a retirés en très-peu de tems m'avoient déja flatté, même avant de le communiquer, qu'en le mettant au jour je pourrois rendre un vrai service à ceux qui aiment véritablement l'Harmonie; & je dois leur dire ici que c'est en présentant les choses telles que les donne la *Basse-fondamentale*, ou du moins telles que je les ai vues au moyen de ce systême, que j'ai été entendu.

Quant au Public qui sera juge de cet Ouvrage, je dois le prévenir que mes idées n'étant pas toujours conformes à certaines opinions reçues, que même leurs étant quelquefois opposées, j'ai été obligé d'attacher à ce Traité plusieurs Notes, dont j'ai fait servir les unes à ma justification, & les autres à l'instruction du Lecteur. Ceux qui ne sont point dominés par les préjugés, ou dont l'esprit n'a pas été gâté par de mauvais principes, n'ont qu'à paſſer ces Notes ; en ne liſant que le texte ils ſe formeront plus promptement une idée de ce qui fait le fond de l'Ouvrage.

Comme il ne m'a plus été poſſible, à cauſe des Notes, de renfermer ce Traité dans les limites que je lui avois d'abord preſcrites, j'y ai joint une *Introduction*, que j'ai jugée néceſſaire, & une troiſiéme Partie, dans laquelle j'oſe propoſer quelques nouveaux accords dont il m'a paru qu'on pourroit enrichir le fond de l'Harmonie : mais ces accords je me borne à les expoſer quant à préſent, l'Ouvrage n'étant pas ſuſceptible par ſa nature de toutes les preuves qu'il faudroit rapporter pour établir la légitimité de ces nouveaux grouppes de ſons.

Voici le Plan que j'ai ſuivi :

Dans l'Introduction, j'ai donné l'explication de différens termes, & j'ai fait connoître le ſens dans lequel je voulois que le Lecteur les entendit ; de plus, j'y ai tracé quelques inſtructions préliminaires ſur différens objets ; & cela pour n'être pas expoſé, ou à m'y arrêter dans le cours de l'Ouvrage, ou à multiplier encore les Notes.

Je diviſe ce Traité en trois Parties : dans la premiere j'offre tous les accords connus, j'y énonce leur conſtruction & le genre eſſentiel de chaque intervalle qui concourt à la former, lorſque ce genre eſt déterminé par la nature de l'accord. Je déſigne, pour chaque accord diſſonant, l'intervalle ou la note qui en eſt véritablement la diſſonance, & j'ai toûjours ſoin d'exclure de ce rang certains autres intervalles, réputés diſſonances, mais qui n'en ont que l'apparence, & pour leſquels j'ai été obligé de créer comme une claſſe à part. J'exprime exactement le genre de chaque diſſonance, ou la claſſe à laquelle on doit la

rapporter,

rapporter, afin qu'on puiſſe lui donner la marche qui lui eſt preſcrite,
ou lui laiſſer tenir celle qu'elle eſt libre de ſuivre. J'aſſigne à chaque note
du mode le rang qu'elle doit y occuper ou le caractère qu'elle doit y
avoir, lorſqu'elle porte tel ou tel accord, ou bien j'indique quelles ſont
les différentes notes de ce mode qui
peuvent porter le même accord,
lorſque cet accord ne donne, par ſa
nature, aucun rang déterminé pour
le ton, ni aucun caractère à la note
qui le porte (c).

———————————————

(c) Cette derniere conſidération, ainſi que
celle qui concerne les intervalles, réputés
diſſonances, dont je viens de parler, pourroit d'abord paroître étrange; mais on trouvera ſur ces différens objets & ſur quelques autres qui pourroient ſurprendre encore
d'avantage, on trouvera, dis-je, dans l'Ouvrage, mes raiſons, ou pour mieux dire,
celles que me fournit le ſyſtême qui me
guide.

b

J'ai cru devoir ranger fous des claſſes différentes certains accords que non-feulement on n'a pas encore aſſez diftingués, mais que malheureuſement pour les progrès de l'Art il femble qu'on a pris à tâche de confondre. Lorſque deux accords différens n'ont que le même nom & le même figne, je me vois obligé, tant pour faire diftinguer ces accords l'un de l'autre, que pour me rendre intelligible, de joindre un léger acceſſoire au figne & au nom de l'un des deux, en attendant que chaque accord mieux connu puiſſe, par fon nom & fon figne propre, cacher à nos defcendans, du moins à la plus grande partie, l'état d'enfance où fe trouve encore la Muſique.

Enfin j'ai placé dans un Chapitre à part quelques accords particuliers engendrés par l'accord fondamental que j'aſſigne à fon dérivé la *Sixte-fuperflue*, & je termine cette premiere

Partie par un Chapitre fur les *Sufpen-*
fions : j'ai cru devoir m'étendre un
peu fur cette matiere, il falloit une
fois pour toutes donner, des fufpenfions, l'idée qu'on doit en avoir.

Dans la feconde Partie, je traite
de la Succeffion des Accords, mais
rélativement aux feuls fondamentaux,
dans lefquels on peut dire que tous
les autres accords font contenus ; du
moins peuvent-ils, dans ce cas, être
toujours repréfentés par leur fondamental. Quoique j'aye étendu, à quelques égards, la fphere des fucceff-
fions, on n'y trouvera pas néanmoins
toutes celles qu'une routine aveugle
peut avoir introduites , & que les
Principes de l'Harmónie feront toujours en droit de rejetter. J'ai tiré de
ces Principes tout ce qu'ils ont pu
me fournir, mais, je le répéte, ce
que ces Principes condamnent, je l'ai
profcrit.

b ij

Enfin la troiſiéme Partie renferme quelques nouveaux accords que je crois poſſibles, & dont on pourroit tirer divers avantages pour varier les effets de l'Harmonie.

Au reſte le Syſtême de la Baſſe-Fondamentale ſur lequel porte ce petit Ouvrage, ne doit pas être regardé comme un de ces Principes qui précédent les conſéquences qu'on en tire. Le mérite de cette découverte conſiſte, à avoir réduit en un ſyſtême ſimple, commode, & facile à ſaiſir, toutes les opérations des grands Maîtres de l'Harmonie, qui juſqu'à M. Rameau n'avoient eu d'autre güide qu'une ſorte d'inſtinct muſical, un génie heureux qui leur donnoit le courage de mépriſer des Régles par leſquelles la plûpart de ces opérations étoient condamnées *(d)*.

(a) Les Anciens, entr'autres erreurs, re

'A force de tâtonner on avoit trouvé plusieurs sortes d'accords : M. Rameau s'est apperçu le premier que les

---

gardoient plusieurs intervalles comme faux,
& les excluoient de leur musique, tels que
la sixte majeure, la *fausse* quinte, le triton,
ou fausse quarte, & quelques autres. La
tierce mineure étoit même regardée chez
eux comme une *dissonance*. Si dans des
temps postérieurs on a composé dans le
Mode appellé *Mineur*, à raison de sa tierce qui est mineure, aussi a-t-on sagement
prescrit alors de finir au moins, dans les
Parties, par la tierce Majeure ; & c'est ce
qu'observent encore religieusement quelques vieux Compositeurs, & presque tous
les Organistes. Ces derniers ne finiroient
pas un morceau d'harmonie, un Plein-jeu
par exemple, du Premier ou du Second
Ton, sans faire entendre l'accord-parfait
Majeur, & cela pour donner le ton à des
Plainchanistes qui doivent entonner des notes prises de l'accord-parfait Mineur. Ce
sera, par exemple, un *Fa-dièse* qu'ils leur
donneront, pour leur faire entonner le Fa
naturel par lequel commencent tous les
versets d'un *Magnificat* du Premier Ton.

b iij

différentes formes de la plûpart de ces accords n'étoient que comme des combinaisons d'un très-petit nombre d'autres accords, rangés dans un ordre plus direct, plus simple, & réduits, pour ainsi dire, à une certaine uniformité. Il les a appellés FONDA-MENTAUX; d'où il a donné le nom de BASSE FONDAMENTALE à celle qui ne porte que de ces accords fondamentaux.

L'excellence de cette Basse ne con-

---

c'est-à-dire, en *D-la-re* mineur. Risible; mais inévitable effet des Régles de tradition, lorsqu'on manque de Principes pour y rapporter ces Régles, les examiner, les apprécier, juger, en un mot, de leur justesse ou de leur fausseté, afin d'en faire l'usage qu'il convient dans la pratique de l'harmonie, & de n'être pas dans le cas de perpétuer par un attachement machinal à ces sortes de régles, ce que la raison & l'oreille révoltées ont condamné depuis longtemps !

ſiſte pas ſeulement à ſimplifier la quantité prodigieuſe d'accords qui, ſans ce ſecours, porteroit le trouble & la confuſion dans l'eſprit ; ce qu'il y a de plus heureux dans le Syſtême de M. Rameau, c'eſt que toutes les Régles particulieres, appliquables à cette multitude d'accords, ſe réduiſent à celles qui concernent les accords fondamentaux. Enfin ces Régles particulieres ne ſont plus, d'après ce Syſtème, que comme des développemens, comme des conſéquences, des corollaires, en un mot, de celles qu'on peut appeller à juſte titre Fondamentales.

Quand on connoît, par Exemple, la marche de chaque Son de l'un des accords fondamentaux, appellé *de ſeptiéme* (comme on a dû néceſſairement la connoître avant la nouvelle découverte), on ſçait d'avance tout ce qu'il eſt poſſible de dire touchant les accords particuliers que le Syſ-

tême de la Baſſe - fondamentale ſuppoſe n'être que des combinaiſons ou
des Dérivés de cet accord de ſeptiéme (*e*).

(*e*) Sçait-on, par exemple, tout ce qui
regarde l'emploi de l'accord *ſol ſi re fa?*
Dès-lors les différentes Régles que l'expérience, ou pour mieux dire, l'inſtinct ou la
nature avoient fait établir touchant les accords de *Fauſſe-quinte* ſur *ſi*, de *Petite-ſixte*
ſur *re*, de *Triton* ſur *fa*, de *Neuvieme* ſur
mi, de *Quinte-ſuperflue* ſur *mi-bemol*, de
Septieme appellée *Superflue* ſur *ut*, & enfin
preſque toutes celles qui concernent la
Quinte-ſuperflue avec quarte ſur *mi-bemol*,
ou la Septieme-ſuperflue avec ſixte mineure
ſur *ut*, dès-lors, dis-je, toutes ces Régles
ſont connues : ſachant ce qui doit ou ce
qui peut ſuivre l'accord *ſol ſi re fa*, on
ſçait d'avance ce qui devra ſuivre tous les
accords que je viens de nommer. D'un autre côté, ſçait-on encore la marche de chaque ſon, de chaque partie d'un accord, tel
que celui de *ſol* (comme on ne peut l'ignorer quelque ſyſtême qu'on ſuive)? On ſçait
en même tems toutes les marches particu-

On voit fans doute que ce Syftême doit abréger les difficultés, & qu'il rend l'étude de l'Harmonie moins lon-ue & plus fure.

Les Philofophes pourront bien ne pas regarder la Baffe-fondamenta-le de M. Rameau, comme étant à

---

ieres que la Pratique a été forcée d'établir depuis longtemps, à l'égard de certaines notes de Baffe, lorfqu'elles portent certains accords. (La note qui porte un *Triton*, par exemple, qu'on a toujours prefcrit de faire defcendre ; celle qui porte une *Fauffe-quinte*, qu'on eft convenu de faire mon-er ; &c, &c.)

Que manque-t-il donc à un Syftême qui fimplifie tout, éclaire fur tout, guide par-tout, finon d'avoir été enfanté parmi quel-que nation née pour la Mufique ? Mais, que dis-je ! Elle n'en auroit pas befoin : il ne lui manque que d'être plus connu de nos Muficiens ; de ceux du moins en qui le génie ne fupplée pas la connoiffance des Régles.

tous égards essentiellement telle ;
c'eſt-à-dire, comme toute compoſée
de ſons phyſiquement fondamentaux,
vrais générateurs des autres ſons qui
forment chaque accord de cette Baſſe-
fondamentale. Mais il ſuffit que dans
pluſieurs accords dont cette Baſſe eſt
compoſée, le ſon grave ſoit effectivement le générateur phyſique des
principaux ſons, ou, ce qui doit être
réputé la même choſe, des octaves,
ſimples ou doubles, des principaux
ſons dont l'accord eſt compoſé (*f*).

(*f*) Ainſi que dans les accords de la Tonique & de la Soûdominante, du Mode majeur, & dans ceux de la Dominante & de
quelques ſimples dominantes, de l'un & l'autre mode ; accords dont les quintes & les
tierces repréſentent la Douziéme & la Dix-
ſeptiéme, harmoniques naturels du ſon grave de ces accords. Rien n'empêche d'ailleurs le Muſicien d'employer ces quintes
& ces tierces, comme Douziémes & Dix-
ſeptiémes.

pour qu'on puisse, par extension, &
par une sorte d'analogie, (surtout dès
qu'il est question de simplifier la pratique de l'harmonie) appeller fondamental tout autre accord direct, bien
que ses harmoniques musicaux, ces
intervalles dont l'Art le compose, n'y
soient pas toujours dans la même proportion, ni du même genre que les
harmoniques réels du son grave de
cet accord & que la nature fait entendre dans tout corps sonore. Voudroit-on que la nature n'eut rien laissé
à faire à l'art ?

La découverte de M. Rameau est
sans contredit l'unique raisonnable
qu'on ait encore faite pour ranger
en un système lié tout ce qu'une
expérience aveugle avoit appris jusqu'à présent au Musicien ; cela suffit
sans doute pour qu'on doive applaudir
à cette découverte ? En un mot, depuis
plusieurs siécles L'HARMONIE erroit
sans Principes ; c'est de nos jours, c'est

parmi Nous, qu'un de Nos compatrio-
tes lui en a trouvés ; nous devons en
féliciter notre siécle & notre Nation.
Peut-être découvrira t-on dans la suite
d'autres Principes plus certains & plus
généraux, mais dans ce cas l'Harmonie
n'en restera pas moins redevable à M.
Rameau. Le Système de Newton en
faisant tomber celui de Descartes, n'a
rien diminué du mérite & de la gloire
du Philosophe François.

Fin de la Preface.

TABLE DES CHAPITRES.

INTRODUCTION,

Contenant l'explication de quelques termes.

PREMIERE PARTIE,

SECONDE PARTIE.

De la Succession des Accords.   119

TROISIEME PARTIE,

Où l'on propose de nouveaux Accords.

Fin de la Table des Chapitres.

TRAITÉ

TRAITÉ DES ACCORDS,

ET DE LEUR SUCCESSION.

INTRODUCTION,

Contenant l'explication de quelques termes.

CHAPITRE PREMIER.

*Des Intervalles en général; de la Consonance &
de la Dissonance ; des Tons & des demi-tons.*

§. I.

Des Intervalles.

N appelle *Intervalle* la distance qu'il y a d'un Son ou d'une Note à une autre en passant par les degrés intermédiaires qui les séparent. Ces degrés ont entre eux un certain

ordre établi; ordre que tout le monde connoît dans ce qu'on appelle la *Gamme*, dite
également *Echelle*, par allusion aux degrés
qui la composent.

On conçoit facilement 1°. que le moindre des Intervalles doit être celui qui se
trouve d'un degré à son voisin , comme
d'*ut* à *re*, en montant, ou de *re* à *mi*, &c;
ou comme d'*ut* à *si*, en descendant, ou de
si à *la*, &c.

2°. Que les autres Intervalles seront plus
ou moins grands à proportion du nombre
de degrés qu'on aura à parcourir pour arriver d'un Son à un autre. Aussi a-t-on donné,
aux différens Intervalles qui peuvent se
trouver entre deux Sons, des dénominations
dont l'objet est d'exprimer le nombre de degrés parcourus de l'un à l'autre de ces Sons.

Si entre deux Sons quelconques on n'a
parcouru aucun degré , c'est-à-dire , si deux
Sons se trouvent être sur le même degré, tels que seroient deux *ut*, deux *re*, &c;
il n'y a plus entre eux aucun Intervalle,
& ces deux Sons sont appellés *Unisson*,
c'est-à-dire , même Son.

Si entre deux Sons on a parcouru deux
degrés, cet Intervalle s'appelle *Seconde*.

Si on a parcouru trois dégrés , cet Intervalle s'appelle *Tierce* , c'est-à-dire ,
troisieme.

Si on a parcouru quatre degrés, cet Intervalle s'appelle *Quarte*, c'est-à-dire, quatrieme.

Si on a parcouru cinq degrés, cet Intervalle s'appelle *Quinte*, c'est-à-dire, cinquieme.

Si on a parcouru six degrés, cet Intervalle s'appelle *Sixte*, c'est-à-dire, sixiéme.

Si on a parcouru sept degrés, cet Intervalle s'appelle *Septieme*.

Si on a parcouru huit degrés, cet Intervalle s'appelle *Octave*, c'est-à-dire, huitieme.

Enfin, si on a parcouru neuf degrés, cet Intervalle s'appellera *Neuvieme* ; si on en a parcouru dix, il s'appellera *Dixieme*, & ainsi de suite, en suivant l'ordre des Nombres.

J'ajoute ici une Table où, sur chacune des sept notes de la Musique, prise alternativement pour premier degré dans la premiere colonne, l'on trouvera, en suivant la ligne à droite, les noms des autres notes qui en forment les principaux Intervalles.

1	2	3	4	5	6	7	8
Premiers Deg.	Secondes.	Tierces.	Quartes.	Quintes.	Sixtes.	Septiemes.	Octaves, &c.
UT	re	mi	fa	sol	la	si	UT, &c.
RE	mi	fa	sol	la	si	ut	RE
MI	fa	sol	la	si	ut	re	MI
FA	sol	la	si	ut	re	mi	FA
SOL	la	si	ut	re	mi	fa	SOL
LA	si	ut	re	mi	fa	sol	LA
SI	ut	re	mi	fa	sol	la	SI

A ij

A l'égard des Intervalles plus grands que l'octave , on peut obferver que l'*Octave*, ou ce qui eft la même chofe, que le huitieme degré d'une note quelconque , n'étant que la répétition de cette même note (puifqu'il n'y en a que fept différentes dans la Mufique) , il s'enfuit qu'il ne peut y avoir plus de fix Intervalles primitifs , qu'on appelle *Intervalles fimples* ; les autres Intervalles ne font que comme les *répliques* de ces premiers, & on les appelle *Intervalles compofés* ; ils font effectivement compofés des primitifs & d'une octave ou de plufieurs octaves de plus. D'où il réfulte qu'une Neuvieme n'eft que l'octave de la Seconde, une Dixieme , l'octave de la Tierce , &c ; qu'une Seizieme eft la double-octave de la Seconde, une Dix-feptieme , la double-octave de la Tierce , &c.

Quoique felon l'Harmonie, il y ait une différence plus marquée entre une Neuvieme, par exemple, & l'octave d'une Seconde (comme on le verra dans la fuite de ce Traité), il fuffit néanmoins que les Intervalles compofés puiffent être regardés, en Mélodie, comme les répliques des Intervalles fimples, pour qu'on puiffe profiter du moyen que fournit ce point de vue, foit pour trouver plus facilement tout Intervalle compofé, foit pour pouvoir le rapporter, dans le befoin, au primitif dont il eft formé. Pour cet effet on pourra faire ufage de la Table fuivante, ou de la méthode qu'on trouvera après la Table.

Intervalles compofés.	Intervalles primitifs.	$\{$	2de. 3^{ce}. 4re. 5te. 6te. 7me. 8^{ve}.
	Octaves des intervalles primitifs.	$\{$	9me. 10me. 11me. 12me. 13me. 14me. 15me.
	Double-octaves des intervalles primitifs.	$\{$	16me. 17me. 18me. 19me. 20me. &c. &c.

On peut pouffer cette Table auffi loin qu'on le voudra, ou, fans le fecours même de la Table, on peut faire ufage de la méthode qui fuit :

Il faut ôter 7 du nombre qui défigne un Intervalle compofé, autant de fois qu'il fera néceffaire pour parvenir à un Intervalle fimple.

Par exemple, pour trouver ce que c'eft qu'une 24me, il n'y a d'abord qu'a ôter 7 de 24, & il reftera 17 ; ôtez encore 7, reftera 10, & encore fept, reftera 3. Cet Intertervalle eft donc une Tierce ou, plus exactement, la triple-octave de la Tierce, puifque de 24 on en a ôté trois fois le nombre 7.

§. II.

De la Confonance, & de la Diffonance.

PARMI les Intervalles il y en a de Confonans & de Diffonans. Les diffonans font ceux qui se suivent immédiatement dans l'ordre des notes d'une Gamme , tant en montant qu'en descendant ; en un mot, les Intervalles dissonans sont ce qu'on appelle en Musique *Degrés conjoints* , comme *ut re* , ou *re mi* , &c. Les Intervalles consonans sont ce qu'on appelle *Degrés disjoints* , comme *ut mi* , *ut fa* , &c.

Dans l'Harmonie , ces derniers Intervalles, c'est-à-dire les Consonans, se réduisent à quatre primitifs ; sçavoir la Tierce, la Quarte, la Quinte & la Sixte. Ceux qui en sont les octaves, ne constituent pas , dans le fond , de nouveaux intervalles, ainsi qu'on l'a vû dans le Paragraphe précédent ; ils ne sont regardés , tant en Harmonie qu'en Mélodie, que comme une répétition des primitifs.

Ainsi la Consonance est proprement un Intervalle, ou *Degré* , disjoint , & la Dissonance , un intervalle , ou *Degré* , conjoint. Ce sera toujours dans ce sens que j'emploirai les termes de *Consonance* ou de *Dissonance* ; je prie le Lecteur de s'en ressouvenir , surtout lorsqu'il s'agira de celui de *DISSONANCE*.

§. III.

Des Tons, & des Demi-tons.

ON appelle Ton ou Demi-ton le degré

d'Intonation, plus fort ou plus foible, fixé entre les notes succeſſives d'une Gamme quelconque. Ainſi dans celle d'*ut*, par exemple, le degré d'Intonation fixé entre *ut* & *re* eſt d'un Ton, celui de *mi* à *fa* eſt d'un Demi-ton. Enfin d'une note à l'autre de cette Gamme, il y a toujours un Ton, excepté de *mi* à *fa*, & de *ſi* à *ut*, où il n'y a qu'un Demi-ton. En voici l'éxemple :

ut ^ton^ re ^ton^ mi ^demi-ton^ fa ^ton^ ſol ^ton^ la ^ton^ ſi ^demi-ton^ ut.

Parmi ces Tons, on en diſtingue de deux ſortes ; les Majeurs & les Mineurs. Les Tons majeurs ſont comme ceux qui ſe trouvent d'*ut* à *re*, de *fa* à *ſol* & de *ſol* à *la*, dans cet Exemple (1) : les Tons mineurs ſont comme ceux de *re* à *mi* & de *la* à *ſi*, du même Exemple.

---

(1) On doit quelquefois (mais dans une autre occaſion) former de *ſol* à *la* un Ton mineur, & cela pour des raiſons tirées de l'Harmonie. Ces raiſons ne ſeroient pas entendues ici ; d'ailleurs tout vrai Muſicien doit les ſavoir. Quant à ceux qui les ignorent, ils ont un guide auſſi ſûr que le raiſonnement, l'Oreille. C'eſt elle qui les conduit dans les différentes circonſtances & qui leur fait entonner à propos un Ton majeur ou un Ton mineur, ſelon le beſoin ; à moins qu'à force de

On diſtingue égallement les Demi - tons en Majeurs & en Mineurs. Le Demi-ton majeur eſt comme celui qui ſe trouve en‑tre *mi fa* & *ſi ut* de l'Exemple précédent, ou comme ſeroit celui d'*ut-diéſe* à *re*, de *la* à *ſi-bemol*, &c. Le Demi - ton mineur eſt comme celui qui ſe trouveroit entre l'une des notes de cet Exemple & ſon Diéſe ou ſon Bémol, comme ſeroit d'*ut* à *ut-diéſe*, de *ſi* à *ſi-bémol*, ou, ce qui eſt la même choſe, de *ſi-bémol* à *ſi-naturel*, d'*ut-diéſe* à *ut-naturel*, &c.

Ce dernier Demi-ton eſt moindre que le majeur, quant au degré d'Intonation. Ainſi il y a moins de diſtance, par exemple, de *re* à *re-diéſe*, qu'il n'y en auroit de *re* à *mi-bémol*. Il y a même un *Quart-de-ton* de différence entre les deux Intonations *re re✕* & *rè mi♭*, quoique les Inſtrumens à Touches n'y en mettent aucune.

En général le Demi-ton n'eſt qu'à peu près la moitié du Ton. Le terme de *Demi*, employé pour déſigner cet intervalle, ne

---

mauvais Principes, on ait éteint en eux ce ſenti‑ment, ou qu'ils n'ayent eux-mêmes trop prêté l'oreille aux Inſtrumens bornés, & faux par leur conſtitution, tels que le CLAVECIN, ou toute autre ſorte d'Inſtrumens à Touches.

doit pas être entendu ici dans l'acception qui lui est propre & qu'on lui donne généralement ; la distinction du Demi-ton, en Majeur & en Mineur, pourroit elle seule fournir l'idée de cette observation, puisque la moitié d'une chose cesse de l'être si on l'augmente ou qu'on la diminue ; mais une raison plus essentielle qui fait qu'on ne doit pas regarder le Demi - ton comme la moitié du Ton, c'est, que deux Demi-tons Majeurs formeroient un Intervalle plus grand que le Ton, & que deux Demi - tons Mineurs produiroient un autre Intervalle moindre que le Ton. Ainsi au lieu de dire, par exemple, *un Ton & demi, deux Tons & demi*, &c, comme font certains Musiciens, il faut toujours, dans ces cas, se servir du terme de *Demi-ton*, dont la signification est décidée en Musique, & qui malgré son imperfection, exprime conventionellement l'Intervalle, ou degré d'Intonation, dont on veut parler.

Au reste la différence entre le Ton Majeur & le Ton Mineur, n'est pas si grande que celle qui est entre les deux sortes de Demi-tons. J'ai dit que cette derniere différence étoit d'un *Quart-de-ton* (2), mais celle

---

(2) Ce que nous venons d'observer au sujet du

du Ton Majeur au Ton Mineur , n'eſt qué d'environ la neuvieme partie d'un Ton. Quantité , qui ſuffit néanmoins pour admettre entre les Sons , formés par l'un ou par l'autre de ces Tons , la différence réelle que la Phyſique & la Théorie de la Muſique démontrent par diverſes expériences.

---

terme de *Demi* peut ſuffire pour empêcher qu'on n'attribue une fauſſe idée à celui de *Quart*. J'ajouterai néanmoins ici, & cela s'appliquera encore au terme de *Demi*, que comme il y a deux ſortes de Tons, ces termes ne ſignifieroient rien par eux-mêmes ſi on les prenoit à la rigueur & dans le ſens qui leur eſt propre pour tout autre objet. Car, duquel des deux Tons, ce *Demi* & ce *Quart* ſeroient ils donc la moitié ou la quatriéme partie? On ſent bien que ce qui feroit, par éxemple, la moitié du Ton Mineur, ne ſeroit pas ſuffiſant pour être la moitié du Ton Majeur, ou que la moitié de ce dernier Ton ſeroit trop forte pour être celle du Ton Mineur. Il en eſt de même du *Quart*.

CHAPITRE II.

De la distinction des Intervalles , & où l'on assigne à chacun sa vraie forme.

CHAQUE Intervalle a une forme précise qu'on ne peut altérer sans le dénaturer. Cette précision est connue de ceux qui sont versés dans la Théorie de la Musique ; mais comme les Musiciens ne s'occupent gueres de la Théorie que pour la décrier , il en résulte que la vraie forme de chaque Intervalle est communément ignorée. On dira bien , par exemple , qu'une Quinte est composée de trois Tons & un demi-ton ; mais ces Tons , pourrois-je demander, sont-ils Majeurs ? sont-ils Mineurs ? Je ne parle pas du demi-ton qu'on sent assez devoir dans ce cas être Majeur; mais dans une Quinte appellée Superflue , qu'on dit être composée de trois Tons & de deux demi-tons (oublions ici ceux qui en additionnant les deux *Demi* la composent de quatre Tons), dans cette Quinte , dis-je , de quelle espéce & les Tons & les Demi-tons seront-ils ?

Plusieurs Musiciens tranchent la difficulté en prétendant que non-seulement les Tons , mais encore les Demi-tons sont égaux entre eux ; ce qu'ils prouvent par les Inftrumens à Touches. Il faut avouer que cette preuve de fait établit merveilleufement l'égalité prétendue! Auffi ai-je fenti la néceffité de fournir ici au Lecteur des connoiffances plus précifes fur tous les Intervalles. La feule diftinction des Tons & des Demi-tons en Majeurs & Mineurs me fuffira pour cela (3).

Au refte comme cet Ouvrage eft fait également pour ceux qui étudient la Com-

---

(3) Ceux qui connoiffent la Théorie, fçavent que l'expreffion numérique dont on a coutume de fe fervir pour affigner à chaque Intervalle fa jufte proportion, n'en exprime que les deux termes, dont le dernier eft comme la fomme totale de l'Intervalle. Pour avoir le détail que je donne ici, j'ai été obligé de décompofer plufieurs Intervalles pour m'affurer du genre des Tons ou des Demi-tons qui devoient les completter. J'ai additionné, lorfque j'en ai eu befoin, les valeurs particulieres de ces Tons & de ces Demi-tons, pour en obtenir la même quantité que porte le dernier terme de la proportion par laquelle on les repréfente ordinairement.

Je fouhaite que ce petit travail, qui donne fur la jufte proportion des Intervalles, une idée tout-à-fait rapprochée de la pratique, puiffe mettre les Amateurs en état de combattre diverfes erreurs, ou du moins de s'en garantir.

pofition & pour ceux qui étudient l'Accompagnement du Clavecin, après avoir fait
connoître la jufte proportion de chaque Intervalle, en affignant le nombre & la qualité des Tons ou des Demi-tons qui doivent
les compofer, je parlerai encore de ces
mêmes Intervalles relativement à ce qu'ils
deviennent fur le Clavecin. Cet Inftrument
ne pouvant donner un Intervalle dans fa
vraie & propre forme, il feroit fuperflu &
même inutile à l'Accompagnateur de favoir
de quel genre font les Tons ou les Demi-tons
dont cet Intervalle eft formé. Il y a plus,
j'ai crû qu'on pourroit difpenfer l'Accompagnateur, lorfqu'il veut trouver un Intervalle, de s'occuper même du nombre des
Tons & des Demi-tons qui le forment. Je
lui fournis un moyen plus fûr, & moins
embarraffant, eu égard à la difpofition du
Clavier, c'eft de chercher chaque Intervalle
par le nombre des Touches qui entrent
dans fa compofition. Mais ces Touches, je
dois l'en avertir, je les prends telles qu'elles fe fuivent & qu'elles font pofées, c'eft-à-
dire, grandes ou petites, Blanches ou Noires,
indifféremment (tout de même qu'on feroit
forcé de le faire, fi on en vouloit compter
un certain nombre dans l'intérieur du Clavier).

Ainfi lorfque je dis, par exemple, que

la Tierce mineure eſt compoſée de quatre Touches , s'il s'agit de trouver la Tierce mineure d'*ut* , on comptera *Un* , ſur la Touche d'*ut* ; *Deux* , ſur la Blanche qui la ſuit ; *Trois* , ſur la Touche du *re* ; & *Quatre* , ſur la Blanche ſuivante (4). On ſait que la Tierce d'*ut* eſt *mi* , cette Blanche s'appellera donc *mi-bémol* ; & dans le cas qu'on chercheroit la Seconde Superflue du même *ut* , comme j'ai aſſigné également quatre Touches pour cet Intervalle , la même quatriéme Touche s'appellera alors *re-diéſe* , puiſque la Seconde d'*ut* eſt *re*.

Diſtinction & forme des Intervalles.

LA SECONDE ſe diſtingue en Majeure, Mineure & Superflue.

La Seconde majeure eſt formée par un Ton , ſoit Majeur ſoit Mineur , comme *ut re* ou *re mi* (5). La Seconde mineure eſt for-

---

(4) Ceux qui ont des Claviers à l'Italienne n'ont qu'à entendre *Noire* , lorſque je dis *Blanche*.

(5) Dans la pratique on n'admet qu'une ſorte de Seconde majeure ; mais il eſt viſible que celle qui eſt formée par un Ton majeur , n'eſt pas la même que celle qui l'eſt par un Ton mineur. D'ailleurs ſelon le langage même de la pratique , le Ton eſt une Seconde : or cette pratique ayant deux ſortes

mée par un Demi-ton majeur, comme *si ut.*
Le Demi-ton mineur ne peut former une
Seconde. Enfin la Seconde appellée *Super-
flue*, est composée d'un Ton majeur & d'un
Demi-ton mineur, comme *ut re*♯.

En général tout Intervalle est appellé
Superflu ou *Diminué* lorsqu'il a un Demi-ton
mineur de plus ou de moins que l'Intervalle
juste dont il tire sa dénomination.

Sur le Clavecin, la Seconde mineure est composée de deux Touches, la Seconde majeure est
composée de trois, & la Seconde superflue de quatre.

La Tierce se distingue en Majeure, Mineure & Diminuée.

La Tierce majeure est composée de deux
Tons, l'un majeur, l'autre mineur, comme
ut mi ; la Tierce mineure est composée d'un
Ton majeur & d'un Demi - ton majeur,
comme *ut mi*♭ ; la Tierce diminuée est
composée de deux Demi - tons majeurs,
comme *ut*♯ *mi* ♭.

Sur le Clavecin, la Tierce majeure est composée de
cinq Touches, la Mineure de quatre, & la Diminuée de trois.

---

de Tons, elle auroit certainement aussi, sous cette
même classe, deux sortes de Secondes, si le raisonnement marchoit toujours de front avec la pratique.

La Quarte se distingue en Juste & Superflue.

La premiere est composée de deux Tons ; l'un majeur, l'autre mineur, & d'un Demi-ton majeur, comme *ut fa*. La Quarte superflue est composée de trois Tons, dont deux majeurs & l'autre mineur, comme *ut fa*✷ ou *fa si*; c'est ce qu'on appelle *Triton*.

Sur le Clavecin, la Quarte juste est composée de six Touches, & la Superflue de sept.

En général lorsqu'on dit *une Quarte* on sous-entend toujours la Quarte juste. Je ne me suis servi du terme de *juste*, dans cet Article, & je ne l'employerai dans le suivant, à l'égard de la Quinte, qu'à cause de la distinction que je fais ici des Intervalles.

La Quinte se distingue en Juste, Diminuée & Superflue.

La Quinte juste est composée de trois Tons, deux majeurs & un mineur, & d'un Demi-ton majeur, comme *ut sol*. La Quinte diminuée, appellée aussi *Fausse quinte*, a un demi-ton mineur de moins que la précédente, c'est-à-dire qu'elle est composée de deux Tons, l'un majeur, l'autre mineur, & de deux Demi-tons majeurs, comme *ut*✷ *sol* ou *si fa*. La Quinte superflue est composée de trois Tons, deux majeurs & un mineur,

&

& de deux Demi-tons, l'un Majeur, l'autre Mineur, comme *ut fol* ✵.

Sur le Clavecin, la Quinte juste est composée de huit Touches, la Diminuée de sept & la Superflue de neuf.

La Sixte se distingue en Majeure, Mineure & Superflue.

La Sixte majeure est composée de quatre Tons, deux Majeurs & deux Mineurs, & d'un Demi-ton majeur, comme *fol mi*. La Sixte mineure est composée de trois Tons, deux Majeurs & un Mineur, & de deux Demi-tons majeurs, comme *mi ut* ou *fol mi♭*. La Sixte superflue a un Demi-ton mineur de plus que la majeure; elle est composée par conséquent de quatre Tons, deux Majeurs & deux Mineurs, & de deux Demi-tons, l'un Majeur, l'autre Mineur, comme *mi♭ ut*✵, ou *fol♭ mi*, ou *fa re*✵, &c.

Sur le Clavecin, la Sixte mineure est composée de neuf Touches, la Majeure de dix & la Superflue de onze.

La Septieme se distingue en Majeure, Mineure & Diminuée.

La Septieme majeure est composée de cinq Tons, trois Majeurs & deux Mineurs, & d'un Demi-ton majeur, comme *ut fi*. Quant à la Septiéme mineure, il y en a de deux ſortes ; celle qui eſt le renverſement du Ton mineur & celle qui eſt le renverſement du Ton majeur. La premiere eſt compoſée de quatre Tons , dont trois Majeurs & un Mineur, & de deux Demi - tons majeurs, comme *mi re* ; la ſeconde, c'eſt-à-dire , celle qui eſt le renverſement du Ton majeur , eſt compoſée de quatre Tons , dont deux Majeurs & deux Mineurs , & de deux Demi-tons majeurs , comme *re ut.*

Cette Septieme eſt par conſéquent moindre que la précédente.

La Septieme diminuée eſt compoſée de trois Tons , deux Majeurs & un Mineur , & de trois Demi - tons majeurs , comme *ſol✳ fa.*

Sur le Clavecin , la Septieme majeure eſt compoſée de douze Touches ; l'une & l'autre Septiéme mineure , eſt compoſée de onze , & la Septieme diminuée de dix.

La Septieme ſuperflue n'éxiſte point dans notre Muſique ; celle qu'il plaît aux Muſiciens de nommer ainſi n'eſt qu'une Septiéme majeure. La Superflue, ſi elle étoit en uſage, ſeroit compoſée d'un Demi-ton mineur de plus que la majeure, & en tout, de cinq Tons , trois Majeurs & deux Mineurs , & de deux Demi-tons , l'un Majeur , l'autre Mineur , comme *ut ſi✳.* Cet Intervalle ne peut être exécuté fur les Inftrumens à Touches : le Clavecin, par exemple, n'a que l'Octave à donner au lieu de cette forte de Septiéme ; il faudroit treize Touches pour la former, fur cet inftrument, mais d'une Touche à fa treiziéme le Clavecin donne l'octave de cette Touche.

L'OCTAVE eft compofée de cinq Tons, trois Majeurs & deux Mineurs, & de deux Demi-tons majeurs.

La Neuvieme eft l'octave de la Seconde ; la Dixieme eft l'octave de la Tierce, & ainfi de fuite, felon la Table que j'ai donnée dans le Chapitre I. pag. 5. Ainfi la vraie forme de tous les Intervalles compofés, eft d'avoir une ou plufieurs octaves de plus que les Intervalles fimples dont ils font formés.

CHAPITRE III.

Du renverfement des Intervalles.

RENVERSER un Intervalle, c'eft, des deux Sons qui le compofent, mettre ou fuppofer defcendant celui qui étoit montant, ou fuppofer montant celui qui étoit defcendant. Par ce renverfement l'Intervalle prend une forme différente de la maniere qui fuit :

La Seconde devient Septieme , & celle-ci devient Seconde ; la Tierce fe change en Sixte , & celle-ci en Tierce ; la Quarte fe change en Quinte , & celle-ci en Quarte.

De plus, l'Intervalle qui étoit mineur ou diminué, fous une forme, deviendra, par le renverfement , majeur ou fuperflu fous un autre , & celui qui étoit majeur ou fuperflu deviendra mineur ou diminué. Ce qui eft jufte refte jufte , ainfi qu'il arrive à la Quarte ou à la Quinte.

Comme le Son qu'on tranfpofe dans le renverfement eft toujours cenfé le même, puifqu'il n'eft changé qu'en fon octave, & que l'Octave en Harmonie eft regardée comme identique avec le fon qu'elle remplace , on peut toujours , au lieu d'un Intervalle dans un fens & d'un genre déterminé , fous-entendre celui qui lui répond dans un fens contraire & d'un genre différent. Ainfi lorf-qu'on dit , par exemple, *defcendre de Septieme mineure* , ou , fi l'on veut, *Septieme mineure au-deffous* , on peut fous-entendre , *monter de Seconde* , ou , *Seconde majeure au-deffus* ; ces expreffions font même regardées comme fynonymes dans la pratique. Obfervons ici qu'il eft très-fouvent néceffaire de pouvoir fe repréfenter tout d'un coup le fynonyme de chaque Intervalle.

L'exemple fuivant les renferme tous ,

pourvû qu'en partant du chiffre supérieur
à l'inférieur qui lui répond , on parte encore de celui-ci au chiffre supérieur.

Synonymes des Intervalles.

2de. 3^{ce}. 4te.
7me. 6te. 5re.

Si de l'un des Intervalles , défignés par
ces chiffres, on a dit *monter* ou *au-deffus*,
on dira de celui qui lui répond perpendi-
culairement , *defcendre* ou *au-deffous* , & fi
l'on a fuppofé l'un Majeur ou Superflu , fon
fynonyme fera Mineur ou Diminué.

Au refte cet exemple ne préfente que
des Intervalles primitifs , parce qu'ils font
les feuls dont ont ait befoin pour l'intelli-
gence des regles de l'Harmonie. D'ailleurs
comme les Intervalles compofés font contenus dans les primitifs , ou du moins peuvent
s'y réduire , on pourroit toujours fe fervir
du même exemple en faifant , ou en fuppofant , cette réduction.

CHAPITRE IV.

Ce que c'est qu'Accord, Son fondamental, Son par supposition, & Basse-fondamentale.

ACCORD en Harmonie est l'union de plusieurs Sons qu'on fait entendre sur un premier Son donné, & auquel se comparent les autres. Comme cet assemblage de Sons fait éprouver à l'oreille une sensation plus ou moins agréable, on a distingué les Accords en Consonans & en Dissonans ; les Accords consonans sont ceux qui ne sont composés que d'Intervalles consonans, les Accords dissonans sont ceux dans la composition desquels il entre une ou plusieurs Dissonances, voyez chap. 1. §. 2.

On appelle *Son fondamental* celui qui dans les Accords appellés Fondamentaux (& dont on parlera au commencement de la premiere Partie de cet Ouvrage) est le plus grave, le plus bas, & dont les autres ne sont que les divers Intervalles, comme la tierce, la quinte, &c.

Lorsque dans d'autres Accords on ajoute

un nouveau Son au-deſſous même du fondamental, ce Son eſt alors regardé comme
étranger à l'Harmonie, comme ſurnumérai-
re, c'eſt pourquoi on l'a appellé Son ou Note
par ſuppoſition. Ainſi le Son fondamental
n'en eſt pas moins toujours le plus grave de
ceux qui forment un Accord appellé fondamental, parce que cet accord eſt totalement
indépendant du Son ajoûté, du Son par ſuppoſition.

Par *Baſſe-fondamentale* on entend en particulier une Baſſe qui n'eſt compoſée que
de Sons fondamentaux. Mais en général la
Baſſe-fondamentale eſt, en Harmonie, une
Baſſe dont tous les Sons qui la compoſent
ne portent que des Accords primitifs, ſimples & généralement adoptés. C'eſt à cette
Baſſe-fondamentale, c'eſt-à-dire, à un petit
nombre d'Accords primitifs, que M. Rameau
a ſçu réduire tous les autres Accords, qu'à
la vérité on connoiſſoit avant lui, mais qu'on
ne ſoupçonnoit pas avoir rien de commun
avec les primitifs. Voyez ce que j'ai dit au
ſujet de cette Baſſe-fondamentale, depuis la
page xx de la Préface.

CHAPITRE V.

Du Mode en général, du Majeur & du Mineur; des Notes essentielles du Mode selon l'Harmonie, & des noms qu'il convient de donner à chaque degré du Mode, lorsque ce degré n'a pas de caractere particulier.

§. I.

Ce que c'est que Mode, & en quoi consistent le Mode majeur & le Mode mineur.

LE Mode n'est autre chose, en Mélodie, qu'un certain arrangement des Tons & des Demi-tons qui composent une octave tonique, c'est-à-dire, par degrés conjoints.

Les Anciens avoient plusieurs Modes, fondés sur les différentes combinaisons qu'ils faisoient des Tons & des Demi-tons qui composent ce qu'ils appelloient *la Gamme* (car ils n'en connoissoient qu'une, comme la plûpart de nos Musiciens) : mais l'oreille & l'expérience nous ont appris que tous ces Modes se réduisent à deux. Ceux que les Anciens avoient de plus, ainsi que celui qu'on avoit crû inventer de nos jours, ne sont, & ne peuvent être regardés, que comme autant de Chants différents, pris dans l'un ou dans l'autre des deux Modes qui nous restent.

Ces deux Modes sont , le Majeur & le Mineur.

Le Mode majeur est celui dont les Tons & les Demi-tons , dans l'étendue d'une octave diatonique, sont disposés comme dans la Gamme d'*ut*, voyez ci-devant page 7.

Si l'on prend pour initiale toute autre Note de cette Gamme ; alors pour faire trouver les Tons & les Demi-tons dans le même rang qu'ils y occupent, on sera obligé d'élever ou de baisser différens Sons; & c'est là l'origine des Diéses & des Bémols, dont l'effet dans chaque Mode ne consiste qu'à le conformer, pour l'arrangement des Tons & des Demi-tons , à la Gamme citée.

Le Mode mineur est celui dont l'ordre entre les Tons & les Demi-tons est comme dans l'Exemple suivant :

la ⌒ton si ⌒demi-ton ut ⌒ton re ⌒ton mi ⌒demi-ton fa ⌒ton sol ⌒ton la.

Dans toute autre Note initiale qu'on voudra choisir , il ne s'agit que de disposer les Tons & les Demi-tons dans le même ordre que dans cet Exemple. On aura par-là le nombre de Diéses ou de Bémols requis à chaque Mode mineur.

Les Muſiciens auront la bonté d'obſerver que ce n'eſt pas la Gamme du Mode mineur que je donne-ici ; c'eſt ſeulement la diſpoſi-tion, l'ordre, le rang que doivent avoir entre eux, les Tons & les Demi-tons qui entrent dans le formation de ce Mode.

Au reſte la dénomination de ces deux Modes eſt priſe du genre de leurs tierces. Le premier eſt appellé Majeur parce que du premier degré au troiſiéme il y a une Tierce majeure, *ut mi.* L'autre Mode eſt appellé Mineur, parce que du premier de-gré au troiſiéme il n'y a qu'une Tierce mi-neure, *la ut.* Ainſi tout Mode dont la pre-miere tierce ſe trouve majeure, eſt un Mode Majeur ; tout Mode dont la premiere tierce eſt mineure, eſt un Mode mineur.

§. II.

Des Notes eſſentielles du Mode, ſelon l'Harmonie.

On diſtingue en Harmonie trois Notes eſſentielles, dans l'un & l'autre Mode ; La Tonique, la Dominante & la Soûdo-minante.

La Tonique, ou Note du Ton, (le mot *Ton* pris ici pour *Mode*) la Tonique, dis-je, eſt celle ſur laquelle roule principalement une Piece de musique, & par laquelle cette Piece finit ; la Dominante est la quinte au-dessus de la Tonique, & la Soûdominante en est la quinte au-dessous (ou quarte au-dessus). L'emploi de ces deux dernieres notes est d'annoncer la Tonique dans les divers repos qu'on veut faire sur elle. Ce caractére néanmoins, ainsi que celui de la Tonique, dépend de l'Harmonie, c'est-à-dire, de certains Accords qui leur sont propres, & dont on parlera dans le Chapitre premier de ce Traité.

§. I I I.

Des Degrés du Mode, selon la Mélodie.

Les divers degrés qui composent l'un & l'autre Mode peuvent être considérés, soit relativement au caractere qu'ils reçoivent de l'harmonie dont ils sont susceptibles, soit relativement au rang qu'ils occupent comme degrés, indépendamment de toute harmonie.

Jusqu'à présent ces deux rapports ont été confondus ; de-là les contradictions, les applications fausses, & les ambiguités sans nombre, qui seules pourroient arrêter toute espece de progrés dans la science de l'Harmonie.

Pour ne pas tomber dans les mêmes inconvéniens, & furtout pour répandre un plus grand jour fur ce Traité, je fixerai, par des expreffions différentes, l'idée que préfente chacun de ces rapports. Pour cet effet j'oferai les renfermer une fois pour toutes dans les limites qui les féparent.

Je me fervirai toujours des noms fuivans, dans la fuite de cet Ouvrage, en parlant des différents degrés du Mode, foit majeur, foit mineur, lorfque ces degrés n'auront aucun caractere particulier ; je parle des caracteres que j'ai déja affignés aux Notes effentielles du Mode, dans le Paragraphe précédent, ou de ceux que j'affignerai à d'autres Notes, dans la fuite de ce Traité.

NOMS DES DEGRÉS DU MODE.

1er degré,	2me degré,	3me degré,	4me degré,
Note-principale.	Seconde-note.	Médiante.	Quatrieme-note.

5me degré,	6me degré,	7me degré,	Le huitieme degré
Cinquieme-note.	Sixieme-note.	Note-fenfible, ou Septieme-note.	eft la répétition du premier.

REMARQUE.

Le deuxieme & le feptieme degrés ont porté autrefois les noms de *Sus-tonique* &

de *Sous - tonique*, ainsi que le sixieme & le quatrieme degrés ont eû les noms de *Sus-dominante* & de *Sous - dominante*, relativement au premier, appellé *Tonique*, & au cinquieme, qu'on a toujours appellé *Dominante*. Ces noms ont repris faveur depuis quelques années, & je n'aurois fait aucune difficulté de conformer mon langage à celui des célèbres Autéurs qui les ont employés, fans les raifons que j'ai déja expofées, & fans quelques-autres qui fe développeront d'elles-mêmes dans le cours de cet Ouvrage.

N'ayant pû, pour toutes ces raifons, donner ici au cinquiéme degré le nomde Dominante, ni au prémier celui de Tonique, j'ai dû rejetter les noms de *Sus* & *Sous - tonique*, de *Sus* & *Sous-dominante* à l'égard des degrés voifins de ceux qu'on s'obftine à appeller Tonique ou Dominante, dans les occafions même où il ne feroit pas difficile de s'appercevoir que ces Notes ne font pas telles, ou du moins ne le font plus (6).

---

(6) Les termes de *Tonique*, de *Dominante*, de *Soûdominante*, fuppofent, felon les Principes de l'Harmonie, certains Accords fondamentaux ; il faut donc, fi l'on veut conftamment appeller tels ou tels degrés, *Dominante* ou *Tonique*, &c, il faut, dis-je, fuppofer encore que ces degrés ne puiffent

jamais porter d'autres Accords que ceux qui leur donnent ce caractere ; suppofition entierement gratuite. En effet, quoiqu'on la faffe affez généralement (du moins d'une maniere implicite) dans certaines Régles, foit d'Accompagnement, foit d'Harmonie, la Nature qui eft une, l'Oreille, le fentiment ou l'expérience forcent, ceux même qui ne connoiffent pas les Principes de l'Harmonie, de fe faire des Régles tout-à-fait contraires.

J'ai tâché dans ce petit Ouvrage, en préfentant les chofes fous un point de vûe quelquefois différent, fouvent même oppofé à celui fous lequel on a coutume de les envifager, de faire connoître le vrai, tel que j'ai crû l'appercevoir à travers l'ombre des préjugés. Si je n'ai pas bien vû, j'aurai du moins fourni le moyen de mieux voir.

TRAITÉ DES ACCORDS,

ET DE LEUR SUCCESSION.

PREMIERE PARTIE,

Où l'on traite des Accords & des Suspensions.

Ous les Accords, soit Consonans, soit Dissonans, se distinguent en Fondamentaux & en Dérivés. Les fondamentaux sont des Accords primitifs dont ceux qu'on appelle Dérivés sont de simples émanations &, pour la plûpart, des différentes combinaisons.

Je diviserai cette premiere Partie en quatre Chapitres:

Le premier roulera sur les Accords fondamentaux : je renfermerai dans le second tous les Accords dérivés reçus dans l'Harmonie : je traiterai dans le troisiéme Chapitre de quelques Accords particuliers, le Quatriéme aura pour objet les Suspensions.

CHAPITRE PREMIER.

Des Accords fondamentaux.

IL n'y a parmi les Accords fondamentaux qu'un seul Accord Consonant, tous les autres sont Dissonants.

Je divise ce Chapitre en deux Sections : je vais traiter de l'Accord consonant, dans la premiere ; la seconde roulera sur les Accords dissonants.

SECTION PREMIERE.

De l'Accord Consonant.

L'ACCORD Consonant, appellé *Parfait* est composé de tierce & de quinte.

Pour augmenter le petit nombre de Sons qui composent cet Accord, on y ajoute ordinairement, dans la pratique, l'octave du Son fondamental, comme on peut ajouter celle de sa Tierce, ou même celle de sa Quinte, sans qu'aucune de ces octaves puisse jamais être regardée comme partie essentielle & constitutive de l'Accord (7).

---

(7) Tous les Musiciens s'accordent à dire que l'Accord-parfait est composé de tierce, quinte &

On

On diftingue l'Accord-parfait en Majeur & Mineur : le Majeur eft celui dont la tierce eft Majeure ; & le Mineur , celui dont la tierce eft Mineure. Le premier conftitue le Mode appellé Majeur ; le fecond conftitue le Mode appellé Mineur (8).

---

octave. On doit obferver à ce fujet que l'Octave étant identique avec le fon qu'elle répete , elle ne peut jamais être regardée comme faifant partie d'aucun Accord. D'ailleurs , puifqu'il eft libre , dans plufieurs Accords , de répéter ou , comme on dit , de *doubler* la Tierce ou tout autre Intervalle confonant , foit qu'on emploie l'octave du fon le plus Grave de l'accord (le plus bas) , foit qu'on ne l'emploie point , j'ai crû ne devoir pas empêcher qu'au lieu de cette Octave , qu'on regarde communément comme un des Sons qui entrent dans la conftruction de l'Accord-parfait , on ne pût , à fa place , doubler la tierce ou la quinte , felon l'effet qu'on voudra produire.

(8) Dans le Chapitre cinquieme de l'*Introduction* j'ai fait confifter le Mode dans la difpofition des Tons & des Demi-tons entre les degrés qui compofent une Gamme , mais cela ne détruit pas ce que je dis ici. La difpofition des Tons & des Demi-tons , dans une Gamme , eft tirée de l'Harmonie même , & cette difpofition ne doit être confidérée que comme le réfultat des différens Sons que portent dans leurs Accords les trois Notes effentielles du Mode , lefquelles , comme je l'ai déja dit , font

C

L'Accord-parfait ne se marque ordinairement par aucun Signe, mais dans des cas nécessaires on le désigne par le Chiffre qui en exprime la Tierce, c'est-à-dire, par un 3 ; & lorsque cette tierce doit-être altérée on se sert, au lieu du 3, des signes, ✻, ou ♭, ou ♮. On désigne encore quelquefois l'Accord-parfait par un 5 ou par un 8, & si la Quinte a besoin d'être altérée on écrit à côté du 5 le signe qui doit exprimer cette altération, c'est-à-dire, ou un ✻ ou un ♭, ou un ♮.

Toute Note qui porte l'Accord-parfait est *Tonique*.

REMARQUE.

Par l'énoncé de cette derniere Regle on ne doit entendre ni ici, ni partout où je donnerai de semblables regles, que ce

---

la Tonique, la Dominante & la Soûdominante. Si j'ai avancé, dans le Chapitre cité, *pag. 26*, que tout Mode dont le premier & le troisieme degrés formoient une tierce majeure, étoit un Mode majeur, & que tout Mode où ce premier & ce troisieme degrés formoient une tierce mineure, étoit un Mode mineur ; c'est que le troisieme degré est fourni, dans chaque Mode, par l'Accord-parfait, majeur ou mineur, du premier degré, appellé Tonique en Harmonie.

foit la note qui détermine l'Harmonie ; c'eſt
au contraire l'HARMONIE, L'ACCORD, qu'on
fait ſur une Note, qui donne à cette note
ſon caractére, ou lui aſſigne un rang dans
le Ton, malgré le caractére factice où le
rang arbitraire que, d'après les Principes de
tradition, l'on voudroit lui attribuer (9).

SECTION

---

(9) La Tonique porte l'Accord-parfait, dit-on
ordinairement, la Seconde-note porte la Petite-ſixte
majeure, &c; c'eſt-là, en général, le langage qu'on
trouve, ſoit dans les Principes ordinaires d'Accompagnement, ſoit dans ceux de Compoſition. On
preſcrit avec beaucoup de ſoin l'accord que tel ou
tel degré, telle ou telle Note doivent porter, mais
l'on n'a garde de rien préſenter qui ait trait à la
connoiſſance du Ton, qui, en un mot, puiſſe
indiquer la Tonique, bien que le rang où la dénomination qu'on doit donner à chaque degré, à
chaque note d'un Chant, dépende entierement
de la connoiſſance du Ton, & ne ſoit dans le fond
qu'une maniere d'être, relative à la Tonique. Il
ſemble même qu'on ne penſe pas qu'aucune inſ-
truction là-deſſus puiſſe être néceſſaire ; éternellement on ſuppoſe que le Ton, que la Tonique,
ſont toujours connus, non ſeulement des Muſiciens,
mais de ceux même qui ſont les moins expérimen-
tés en Muſique, car les Principes, ſans doute, ne
ſont pas faits pour ceux qui ſont déja Muſiciens ?

Ces ſortes de Regles ont d'abord un défaut eſſentiel : celui d'appauvrir l'Harmonie, en la reſtrei-
gnant à un petit nombre d'Accords, comme on

C ij

peut s'en convaincre en jettant les yeux sur les Phrases monotones & les tournures ressemblantes qu'on trouve dans presque tous les Ouvrages composés d'après la *Regle de l'Octave*. Mais en supposant que les Accords prescrits par cette Regle puissent suffire pour plier l'ame aux différentes situations que peuvent exiger le sujet ou la volonté du Compositeur, en sera-t-on moins forcé de convenir que l'indécision du Ton formera constamment une très grande difficulté lorsqu'il s'agira de faire usage de ces Accords ?

Il ne seroit pas difficile de prouver 1°. que ce qu'on appelle le Ton, dans un trait de chant, peut n'être pas toujours connu, puisque selon les loix de la vraie Harmonie ce Ton est très souvent arbitraire ; 2°. que cet arbitraire se communiquant nécessairement au rang que doit occuper chaque note de ce chant, relativement à la Tonique, la Regle qui prescrit tel accord sur tel degré, ne sera plus qu'une regle frivole & de nul usage, toutes les fois que le Ton, c'est-à-dire, la Tonique, & conséquemment tous les degrés qui en dépendent, pourront être méconnus.

Entre mille exemples qu'on pourroit donner au sujet de cet *arbitraire* du Ton, dans quelque tournure de chant que ce soit, je ferai seulement remarquer ici au Lecteur, que les notes qui composent, par exemple, le Mode majeur de *Sol* sont les mêmes, au *fa-diése* près, que celles qui appartiennent au Mode majeur d'*ut* ; que celles du Mode de *fa*, également majeur, sont encore, excepté le *si-bémol*, les mêmes que celles de ce Mode d'*ut* ; qu'enfin celles du Mode mineur de *la* font , en defcendant , abfolument les mêmes que celles du Mode majeur d'*ut*. Or lorfqu'on a , par exemple , un *UT* , foit dans un Chant (même fuppofé en *C-fol-ut*) , foit dans une Baffe , qu'eſt ce qui fait connoître ſi cet *UT* eſt dans ſon propre Mode ; s'il eſt dans celui de *fol* , dans celui de *fa* , ou dans le mineur de *la* , car on ne prétendra pas fans doute que ce foit un vice en Mufique que de Moduler ? Encore une fois , & pour le dire plus expreffément , à quoi reconnoît-on fi cet *UT* eſt Tonique , ou Quatrieme-note , ou Dominante , ou Médiante , fans parler de ce qu'il pourroit être encore ? Et-dès lors que fait votre Regle de *tel Accord* fur *telle Note* , puifque le rang de cette Note n'eſt point connu ? Dira-t-on que dans ce cas , s'il s'agit d'Accompagnement , un Chiffre tracé au-deffus de la note qu'on a dans la Baffe , ou que le Chant des Parties , qu'on peut voir fouvent ou entendre , fuffifent pour décider le Ton & faire connoître le rang qu'y occupe cette Note ? Mais tout cela ne fera que confirmer l'idée fimple que j'ai eu en vûe dans ce Traité ; fçavoir : qu'il n'appartient qu'à l'Harmonie de décider le caractére de la Note. C'eſt en effet l'accord qu'on fait fur une Note , comme je l'ai dit dans le Texte , qui donne à cette note ſa forme , ſon énergie , ſon effence , en lui affignant un rang dans le Ton ; loin que le rang apparent puiffe jamais régler l'Harmonie. Rang le plus fouvent imaginaire , toujours créé felon le plus ou le moins de connoiffances qu'on a en Mufique , & par là fufceptible d'autant de formes différentes qu'il y a de degrés de fcience ou de manieres de voir.

C iij

SECTION II.

Des Accords Dissonans, & des Regles prescrites aux Dissonances.

ARTICLE I.

Des Accords Dissonans.

IL y a deux fortes d'Accords Dissonans, celui de *Sixte* (10) & celui de *Septiéme*.

L'ACCORD de *Sixte* est composé de tierce, de quinte & de sixte, laquelle fait Dissonance avec la quinte (11) ; on peut joindre l'octave à cet accord.

---

(10) Dans la pratique cet accord est appellé *Grande-Sixte*, & par là éternellement confondu avec un accord de même nom, dont je parlerai au Chapitre suivant, *Sect. 3 , Art. 1.*

Le nom que je donne à celui-ci peut suffire quant à présent , puisque je n'ai parlé encore d'aucune autre forte d'accord de Sixte ; j'aurai soin dans la suite (*Chap. 2 , Sect. 5*) de le distinguer de tout autre accord dont la sixte fait partie.

(11) La sixte de cet accord ne pourroit qu'être une vraie consonance si on la comparoit au Son

Sa tierce fuit la nature du Mode, c'eft-
à-dire, qu'elle doit être majeure dans les
Modes majeurs, & mineure dans les Modes mineurs, mais la fixte eft toujours
majeure dans l'un & l'autre Mode.

Cet accord fe marque par un 6, dans la
Baffe-Fondamentale, & par ⁶₅ dans la Baffe-
Continue (12).

La Note qui porte cet Accord eft *Soûdominante* : fa diffonance, c'eft-à-dire, la
fixte, s'appelle *Diffonance-majeure*.

L'ACCORD de *Septieme* eft compofé de
tierce, de quinte & de feptieme ; ce dernier intervalle fait diffonance avec le Son

---

fondamental ; auffi n'eft-elle point diffonance par
rapport à lui, c'eft-à-dire, comme SIXTE. La Note
qui fait cet intervalle n'eft diffonance, dans cet
accord, que parce qu'elle forme une Seconde ou,
fi l'on veut, un degré conjoint avec la quinte,
dont elle devient en particulier la diffonance, d'où
l'accord même eft appellé Diffonant.

(12) Je me fers ici, pour la Baffe-continue,
des Chiffres en ufage : il feroit à fouhaiter que
cet accord eut un Signe propre, ou que l'accord
de *Grande-fixte*, que j'ai annoncé au commencement de la *Note 10*, & qui fe marque de même,
eut un Signe différent.

fondamental. On joint ordinairement l'octave à cet accord (13).

Il se marque par un 7 ; sa dissonance,
c'est-à-dire, la septieme, s'appelle *Dissonance-
mineure*.

Il y a trois sortes d'accords de Septieme :
le Sensible, la Simple-septieme & la Septieme-diminuée.

L'accord de Septiéme appellé *Sensible*,
est celui dont la tierce est majeure & dont
la septieme est mineure.

Tout autre accord de Septieme, dont la
tierce n'est pas majeure ou dont la septieme
n'est pas mineure, est appellé *Simple-septieme*,
ou, pour le dire en un mot, la Simple-septieme est celle qui n'est pas l'Accord-sensible (14).

---

(13) C'est plus particulierement avec cette
Octave que la septieme fait dissonance, c'est à-dire,
qu'elle forme un degré conjoint, un intervalle de
Seconde, en descendant : mais on sçait qu'en Harmonie l'octave d'un Son est identique avec lui ;
ainsi on peut très bien dire que la septieme, dans
l'Accord présent, fait dissonance avec le Son fondamental, puisque ce Son fondamental ou son octave sont la même chose ; voyez d'ailleurs les
Synonymes du Chapitre troisiéme de l'*Introduction*,
pag. 21.

(14) Pour distinguer l'Accord - sensible d'avec
les Simples - septiemes , M. Rameau , dans son

Toute Note qui porte l'un ou l'autre accord de feptieme eft *Dominante* ; mais celle
qui porte l'Accord - fenfible s'appelle plus
particulierement *Dominante-tonique* : c'eft la
Dominante du Ton, l'une des trois Notes
effentielles que j'ai affignées au Mode (*Introduction, pag.* 26), & qu'ordinairement on
appelle par prééminence *La Dominante.* Les
notes qui ne portent qu'un fimple accord
de Septieme font des *Simples-dominantes.*

L'ACCORD de *Septieme-diminuée* eft
compofé de tierce mineure, quinte diminuée & feptieme diminuée. On le défigne
par 7.

Cet accord n'eft fondamental que fecon-
dairement : on l'emploie, dans l'Harmonie,
à la place de l'Accord-fenfible, que toujours il repréfente.

Toute Note qui porte cet accord eft
Note-fenfible d'un Mode mineur, & repréfente la Dominante.

Code de Mufique, défigne ce premier accord par 7.
Les Compofiteurs devroient bien le fuivre en cela
ou trouver d'autres moyens de fe faire entendre
par leurs Signes.

ARTICLE II.

Regles pour les Dissonances.

Les deux Dissonances dont j'ai parlé dans l'Article précédent, sçavoir : la Majeure, c'est-à-dire, la Sixte d'une Soûdominante, & la Mineure, c'est-à-dire, la Septieme d'une Dominante ou d'un accord de Septieme-diminuée, ont chacune une marche propre ; elle est déterminée par les deux Regles suivantes :

Premiere Regle.

TOUTE DISSONANCE MAJEURE DOIT MONTER D'UN DEGRÉ.

Deuxieme Regle.

TOUTE DISSONANCE MINEURE DOIT DESCENDRE D'UN DEGRÉ (15).

REMARQUE.

---

(15) J'aurois pû énoncer ces deux Regles avec moins d'appareil ; mais comme dans ce Traité je me suis proposé d'instruire & ceux qui étudient la Composition & ceux qui s'appliquent à l'Accompagnement, & que parmi ces derniers il en est beaucoup à qui on n'a jamais dit qu'une Dissonance mineure dût descendre (ie n'oserois parler ici de la Majeure, elle n'est pas assez connue des Praticiens pour qu'on puisse les blamer de garder le

REMARQUE.

L:a Baſſe ayant auſſi de ſon côté une route déterminée (comme on le verra dans la Seconde Partie de ce Traité), le degré voiſin où l'on fait paſſer l'une & l'autre Diſſonance, vient former avec la Baſſe une Conſonance : c'eſt là ce qu'on appelle *ſauver la Diſſonance.*

Ainſi, *ſauver* une Sixte, c'eſt la faire monter diatoniquement, c'eſt-à-dire, d'un degré ; *ſauver* une ſeptieme, c'eſt la faire deſcendre de même.

AVERTISSEMENT.

Ces deux Regles doivent s'appliquer à tout Intervalle, à toute Note que j'appellerai dans la ſuite *Diſſonance - majeure* ou *Diſſonance-mineure.* Cet Intervalle ſous quelque forme qu'il ſe préſente, & cette Note, dans quelque poſition qu'elle ſe ren-

———

ſilence à ce ſujet), j'ai cru devoir faire parler les yeux, ou, ſi l'on veut, les Caractères à l'eſprit. Mon intention ſe fera encore mieux ſentir dans la ſuite de cet Ouvrage, lorſque je préſenterai des Diſſonances qu'on verra peut-être avec étonnement, mais auxquelles il faudra cependant appliquer l'une ou l'autre de ces Regles ; j'en donnerai la raiſon dans *l'Avertiſſement* qui va terminer ce Chapitre.

contre , ne feront jamais ni l'un ni l'autre, dans leur origine & felon l'harmonie fonmentale , qu'une Sixte ou une Septieme [16].

———————————————

(16) Toute autre diffonance n'eft qu'accidentelle , apparente , ou n'eft qu'une difcordance. Ce que l'on dit quelquefois du Triton , de la Quinte fuperflue , &c , prétendues diffonances majeures, eft encore un refte de la routine ou , fi on ofoit le dire , de l'incertitude où l'on flottoit avant la découverte de la Basse Fondamentale, feul guide affuré dans la pratique & dans le raifonnement.

Si un Triton , une Quinte fuperflue , &c , doivent monter , ce n'eft point comme Diffonances majeures , mais comme *Notes-fenfibles*, dont le propre , eft de monter d'un demi-ton ; & cela dans un feul cas , c'eft-à-dire, dans le feul acte de Cadence parfaite. D'ailleurs il arrive fouvent que la Note-fenfible , foit fous la forme de Triton , foit fous celle de Quinte fuperflue , &c , &c , ne monte pas. 1°. Lors par exemple qu'on rend une Tonique Simple-dominante , foit dans un *Enchaînement* de Dominantes , foit dans ce qu'on appelle une *Cadence-parfaite évitée* ; dans ces deux cas la *Senfible* refte fur le même degré. 2°. Dans la Cadence interrompue cette *Senfible* refte encore fur le même degré ; & dans la Cadence-rompue elle doit , plus naturellement, defcendre d'un degré. 3°. Lorfqu'en *Evitant* une Cadence parfaite on rend foûdominante ou dominante-tonique , la Tonique elle-même., la *Senfible* dans le premier cas defcend d'un dégré , & dans le fecond elle defcend d'un demi-ton mi-

CHAPITRE II.

Des Accords Dérivés.

CEs Accords font produits par les Fondamentaux, de quatre manieres ; par
Renverfement, par *Suppofition*, par *Subftitution*, ou *Emprunt*, & par *Subftitution* &
Suppofition tout à la fois.

LE RENVERSEMENT confifte à mettre alternativement pour Baffe l'un des Intervalles qui compofent un accord fondamental,
en tranfpofant ainfi au-deffus de ce fon qu'on
a mis pour Baffe, foit le Fondamental lui-
même, foit les autres fons de l'Accord.

neur, ainfi que dans une fuite continuée de Dominantes-toniques (comme dans le Chromatique)
où plufieurs *Senfibles* defcendent alternativement d'un
demi-ton mineur. Ajoutons à cela le Genre Enharmonique, où telle Note qui étoit *Senfible*,
devenant tout d'un coup Diffonance-mineure, defcend, ainfi qu'elle le doit.

D'après ces obfervations, s'il étoit permis d'é-
tablir fur des cas particuliers une propofition géné-
rale, on feroit beaucoup plus fondé à dire que,
la Senfible ne doit pas monter, puifqu'il y a plufieurs cas où cela eft ainfi, qu'à avancer que *la Senfi-*

LA SUPPOSITION s'oppere en ajoutant un nouveau ſon au-deſſous du fondamental d'un accord de Dominante ou de Soûdominante.

LA SUBSTITUTION, ou *Emprunt*, conſiſte à employer, dans les Modes mineurs ſeulement, l'accord de Septième-diminuée ſur la Note-ſenſible, à la place de celui de la Dominante. Ce nouvel accord étant regardé pour lors comme Fondamental, bien qu'il repréſente celui de la Dominante, donne dans ſes renverſemens d'autres accords qu'on appelle également Accords de Subſtitution ou d'Emprunt.

---

blé *doit monter*, puiſque cela n'eſt vrai que dans un ſeul cas. Du reſte, ſoit que cette note ~~monte~~, ſoit qu'elle deſcende, ce ne ſera jamais en tant que diſſonance, car elle n'eſt autre choſe que la tierce d'une Dominante-tonique. TIERCE qui de tout tems a été miſe au rang des Conſonances parfaites, lors même que la Tierce mineure étoit regardée comme Diſſonance (voyez *Note d*, dans la *Préface*). Tierce enfin qui conjointement avec la quinte conſtitue l'Accord, appellé *Parfait*, *Naturel*, *Conſonant*, que laiſſe entendre cette Dominante-tonique ſi on en retranche la Septiéme que l'Art y a ajoutée, & ſur laquelle ſeule doit tomber l'idée de Diſſonance, dans quelque *Partie* qu'elle ſe faſſe entendre, DESSUS, BASSE ou CONTRE-BASSE.

Enfin l'accord de Septieme-diminuée étant
fubftitué au *Senfible*, peut encore recevoir
au-deffous de lui les mêmes fons que reçoit ce *Senfible* dans la formation des accords appellés par Suppofition. Ces fons
ainfi ajoutés au-deffous d'un accord de Subftitution produifent les accords que j'ai crû
devoir appeller, *Par-Subftitution & Suppofition* , d'autant que l'une & l'autre de ces
opérations concourent à les former.

SECTION PREMIERE.

Signes des Accords.

*Accords Confonans dérivés
du Parfait.*

6   Accord de *Sixte* appellée Ordinaire, compofé de tierce & de fixte ; on
y ajoute l'octave pour les mêmes
raifons qu'à l'Accord-parfait. c'eft-
à-dire pour multiplier le nombre
de fes fons (17).

---

(17) Voyez , au fujet de l'Octave , la *Note 7* ,
ci-devant (*pag. 32*). Je pourrois ajouter ici qu'à
force de regarder les octaves comme des parties
d'un accord on eft parvenu à faire de celui ci trois
accords différens. La plûpart des Accompagnateurs
ont une *Sixte fimple* , une *Sixte-doublée* , & une
Tierce-doublée. Leur Sixte fimple eft notre accord
de Sixte, avec l'octave ; leur Sixte - doublée eft

Signes des Accords.

La Baſſe-fondamentale de cet accord, ou, ce qui eſt la même choſe, l'accord-fondamental qui le produit eſt le *Parfait* de la tierce au-deſſous de la note qu'on ſuppoſe porter la Sixte ; parconſéquent toute note qui porte cet accord eſt Tierce d'une Tonique, c'eſt-à-dire, *Médiante.*

On doit diſtinguer deux différens accords de Sixte ; celui dont la tierce & la ſixte ſont majeures, & celui dont la tierce & la ſixte ſont mineures. Celui-ci, qu'on peut appeller accord de *Sixte-mineure*, eſt produit par l'Accord-parfait Ma-jeur, & l'autre, qu'on peut appel-

---

notre même accord de Sixte, dont ils ont répété, ou *doublé*, la ſixte ; enfin leur Tierce-doublée eſt encore notre accord, dont ils ont répété la tierce. Le premier de ces accords ſur *mi*, par exemple, ſeroit, dans leur ſens, MI SOL UT *mi*, le ſecond ſeroit MI SOL UT *ut*, ou MI UT SOL *ut*, & le dernier ſeroit MI SOL UT *ſol* : Que ſçait-on ? Pluſieurs mêmes d'entr'eux ne voudront pas voir qu'il n'y à conſtamment dans tout cela que le même accord, lequel a pour fondamental l'*accord-parfait* UT MI SOL, dont on à répété à volonté l'un des trois ſons qui par eux-mêmes, & indépendamment de toute répétition, le conſtituent déja Accord-parfait.

ler

Ier accord de *Sixte-majeure*, eſt produit par l'accord parfait Mineur. Ainſi,

Toute Note qui porte la Sixte mineure eſt *Médiante* d'un Mode majeur ; & Toute Note qui porte la Sixte majeure eſt *Médiante* d'un Mode mineur.

$\frac{6}{4}$ Accord de *Sixte-quarte*, compoſé de quarte & de ſixte ; on ajoute encore l'octave à cet accord pour les mêmes raiſons qu'à l'accord précédent.

Son accord fondamental eſt le *Parfait* de la quinte au-deſſous ; donc toute note qui porte cet accord eſt quinte de Tonique, c'eſt-à-dire, *Cinquieme-note* (voyez l'*Introduction*, pag. 28).

Dans cet accord la Quarte eſt toujours juſte, mais la ſixte peut être majeure ou mineure. Celui dont la ſixte eſt majeure eſt produit par un Accord-parfait Majeur ; & celui dont la ſixte eſt mineure eſt produit par un Accord-parfait Mineur. Ainſi,

Toute Note qui porte une *Sixte-quarte*, dont la ſixte eſt majeure,

TRAITÉ

est *Cinquieme-note* d'un Mode majeur ; & Toute Note qui porte le même accord, mais dont la sixte est mineure, est *Cinquieme-note* d'un Mode mineur.

SECTION SECONDE.

Accords Dissonans dérivés du Sensible.

ARTICLE I.

Accords dérivés par Renversement.

5   ACCORD de *Fausse-quinte*, composé de tierce mineure, quinte diminuée & sixte mineure. La quinte de cet accord en est la Dissonance mineure : sa Basse-fondamentale ou, en d'autres termes, son accord fondamental est le *Sensible* de la 3ᶜᵉ. majeure au-dessous.

Toute Note qui porte cet accord est *Note-sensible.*

×6   ACCORD de *Sixte-sensible* ou *Petite-sixte majeure*, composé de tierce mineure, quarte & sixte majeure. La tierce de cet accord en est la Dissonance mineure : son accord fondamental est le *Sensible* de la 5ᵗᵉ. au-dessous.

<table>
<tr><td>Signes
des
Accords.</td><td></td></tr>
<tr><td></td><td>Toute Note qui porte cet ac-
cord eſt Seconde-note.</td></tr>
<tr><td>+4 ou 4</td><td>Accord de Triton, compoſé de
ſeconde majeure, quarte ſuper-
flue & ſixte majeure. Son accord
fondamental eſt le Senſible de la
7me. mineure au-deſſous.

Toute Note qui porte cet ac-
cord eſt Quatrieme-note, & Diſſo-
nance mineure elle-même.</td></tr>
</table>

ARTICLE II.

Accords dérivés par Suppoſition.

×5	Accord de *Quinte-ſuperflue*, com- poſé de tierce majeure, quinte ſu- perflue, ſeptieme majeure & neu- vieme majeure. La neuvieme de cet accord en eſt la Diſſonance mineure, la ſeptieme n'y eſt qu'une diſſonance apparente, qu'on pour- roit appeller *Accidentelle* (18): ſon

---

(18) Il n'y a de vraie diſſonance que celle qui
l'eſt dans l'accord fondamental. Celles que j'appellerai à l'avenir *Diſſonances Accidentelles* n'ont,
dans les accords par Suppoſition, que la forme de
diſſonances, puiſqu'elles ſont parfaites conſonances

accord fondamental eſt le *Senſible*
de la 3^{ce}. majeure au-deſſus.

Toute Note qui porte cet accord eſt *Médiante* d'un Mode
mineur.

9   Accord de *Neuvieme-mineure*, compoſé de tierce mineure, quinte,
ſeptieme mineure & neuvieme mineure. La neuvieme de cet accord
en eſt la Diſſonance mineure, la
ſeptieme n'y eſt qu'une diſſonance
Accidentelle (*voyez Note* 18 , *pag.*
51): ſon accord fondamental eſt le
Senſible de la 3^{ce}. mineure au-
deſſus.

Toute Note qui porte une pareille Neuvieme, c'eſt-à-dire, dont
tous les intervalles ſont dans la
même forme, & du même genre que
dans celui-ci, eſt *Médiante* d'un
Mode majeur.

×7   Accord appellé improprement de
Septieme-ſuperflue, compoſé de quinte, ſeptieme majeure, neuvieme

---

de l'accord fondamental. Conſonances dont le caractere primitif ne ſçauroit être altéré par l'inver-
ſion, ni par la comparaiſon à un Son étranger.
A l'égard de l'intervalle de Quinte Superflue, voyez
ci-devant *Note 16 , pag. 44.*

<table>
<tr><td>Signes
des
Accords.</td><td>majeure & onzieme (octave de la quarte) [19]: la onzieme de cet accord en eſt la Diſſonance mineure, la neuvieme & la ſeptieme n'y ſont que des diſſonances Accidentelles : ſon accord fondamental eſt le Senſible de la 5te. au-deſſus.</td></tr>
</table>

Toute Note qui porte cet accord eſt Note-principale (voyez l'Introduction, pag. 28).

---

[19] Cet intervalle ne peut être employé comme Quarte propre. Quoique la Onzieme & la Quarte ſoient regardées comme ſynonymes dans la pratique, cette premiere, ſi on l'appelle ici Quarte, ne pourra jamais être employée qu'à onze degrés de diſtance de la Baſſe, ou de la Partie qui en tient lieu ; on peut la tranſporter plus haut, mais on ne peut la mettre au-deſſous de la Quinte, Son fondamental de l'accord, entre lequel & le Son par Suppoſition aucun autre ne peut être placé. Si quelques Praticiens violent cette regle, c'eſt que ne connoiſſant pas les Principes de l'Harmonie, ils partent de l'idée qu'une Onzieme eſt la même choſe qu'une Quarte, & qu'ils regardent comme indifférent de placer cet intervalle en haut ou en bas. Le Lecteur pourra obſerver ici pour eux, qu'une Quarte, proprement dite, peut très bien, dans les accords, être repréſentée par la Onzieme, la Dix-huitieme, & par un plus grand Intervalle encore ſi l'on veut, ſans que la Onzieme puiſſe

SECTION TROISIEME.

Accords Dissonans dérivés de la Simple-septieme.

COMME toutes les notes d'un Mode, soit majeur, soit mineur, excepté la Dominante, peuvent porter la Simple-septieme, ou, si l'on veut, peuvent être Simples-dominantes, on ne sauroit assigner de Rang déterminé, pour le Ton, à aucune Note qui ne porte qu'un accord dérivé d'une Simple-septieme. On peut bien dire de cette Note qu'elle est Tierce ou Quinte, &c, de telle ou telle Dominante, mais c'est-là tout ce qu'on en peut affirmer, malgré les inductions contraires que fournit ce qu'on appelle la *Régle de l'Octave.*

Au reste les Intervalles énoncés dans les Accords de cette Section doivent être pris tels que les donne la Gamme du Ton & du Mode où l'on est, majeurs ou mineurs, superflus ou diminués, ou justes.

---

jamais l'être par la Quarte. Ainsi on peut dire qu'en Harmonie la Onzieme est synonyme de la Quarte, mais que celle-ci ne l'est pas de la Onzieme, bien que dans la Mélodie ces deux intervalles soient, à certains égards, mutuellement synonymes l'un de l'autre.

<table>
<tr><td>

$\frac{6}{5}$

6 ou $\frac{4}{3}$

2

</td><td>

A R T I C L E I.

Accords dérivés par Renverſement.

Accord de *Grande-ſixte*, compoſé de tierce, quinte & ſixte. La quinte de cet accord en eſt la Diſſonance mineure : ſon accord fondamental eſt la *Simple - ſeptieme* de la 3ᶜᵉ. au-deſſous.

La Note qui porte cet accord eſt Tierce d'une Simple-dominante, & toutes les notes du Ton , excepté la *Note-ſenſible* , peuvent le porter.

Accord de *Petite-ſixte* ou *Tierce-quarte*, compoſé de tierce , quarte & ſixte. La Tierce de cet accord en eſt la Diſſonance mineure : ſon accord fondamental eſt la *Simple ſeptieme* de la 5ᵗᵉ. au-deſſous.

La note qui porte cet accord eſt Quinte d'une Simple-dominante, & toutes les notes du Ton , excepté la *Seconde-note*, peuvent le porter.

Accord de *Seconde* , compoſé de ſeconde , quarte & ſixte. Son accord fondamental eſt la *Simple-*

</td></tr>
</table>

Signes
des
Accords.

feptieme de la 7ᵐᵉ. au-deffous.

La Note qui porte cet accord
eft Septieme d'une Simple dominante, &, parconféquent, Diffonance mineure elle-même ; toutes
les notes du Ton, excepté la *Quatrieme-note*, peuvent porter cet accord.

A R T I C L E   I I.

Accords dérivés par Suppofition.

9   A C C O R D de *Neuvieme*, compofé
de tierce, quinte, feptieme &
neuvieme. La neuvieme de cet
accord en eft la Diffonance mi-
néure, la feptieme n'y eft qu'une
diffonance Accidentelle : fon accord fondamental eft la *Simple-
feptieme* de la 3ᶜᵉ. au-deffus.

La Note qui porte cet accord
eft Tierce-au-deffous d'une Simple-
dominante, & toutes les notes du
Ton, exepté la *Médiante*, peuvent le porter (20).

____

(20). On peut obferver que dans les accords par
Suppofition (foit ceux de cet Article, foit ceux
de la feconde Section, *Art.* 2) la note qui eft au-
deffous de l'accord fondamental étant comme fur-

$\frac{9}{4}$ | ACCORD de *Onzieme*, compôfé de quinte, feptieme, neuvieme & onzieme (21). La onzieme de cet accord en eft la Diffonance mineure, la neuvieme & la feptieme n'y font que des diffonances Accidentelles: fon accord fondamental eft la *Simle-feptieme* de la 5ᵉ. au-deffus.

---

numeraire (d'où elle eft appellée *Note par Suppofition*), ne peut jamais, ni elle ni fon octave, être tranfportée au-deffus du Son fondamental, c'eft à dire, parmi ce qu'on appelle les *Parties*. Certains Auteurs ne font aucune difficulté de porter atteinte à cette loi, les uns dans leurs compofitions muficales, d'autres dans leurs écrits ; mais il n'y a qu'à lire ce qu'a dit M. Rameau au fujet de ce Son par Suppofition dans les accords du même nom, pour fentir tout le vice de ce procédé. Voyez, par exemple, le Chapitre X du fecond Livre du *Traité de l'Harmonie*, ou feulement l'Explication des mots *Suppofer*, *Sous-entendre*, pag. xxi du même Ouvrage.

(21) Le 4 qui fait partie du Signe impropre de cet accord, fembleroit prouver en faveur de ceux qui prennent les Onziemes pour des Quartes, fi ce Signe n'étoit plus ancien que la découverte de la Baffe-fondamentale, qui nous a éclairés fur tous ces objets. Voyez ce que j'ai dit ci-devant au fujet de l'Intervalle de Onzieme, *Note 19*, pag. 53.

La Note qui porte cet accord eſt Quinte-au-deſſous d'une Simple-dominante , & toutes les notes du Ton , excepté la *Note-principale*, peuvent le porter.

$\frac{9}{7}$ A c c o r d de *Neuvieme avec quinte & ſeptieme diminuées*, compoſé de tierce mineure , quinte diminuée , ſeptieme diminuée & neuvieme mineure. Cet accord eſt propre au ſeul Mode mineur ; la neuvieme , ainſi que dans tous les accords de ce nom , en eſt la Diſſonance mineure , la ſeptieme , quoique Diminuée , n'y eſt de même qu'une Diſſonance Accidentelle : ſon accord fondamental eſt une *Simple-ſeptieme* , mais dont la Quinte eſt Diminuée , de la 3ᶜᵉ. mineure au-deſſus.

Toute Note qui porte cet accord (dans la même forme que je l'ai énoncée quant aux Intervalles) eſt *Note ſenſible* d'un Mode mineur.

SECTION QUATRIEME.

Accords par Supposition avec des Retranchemens.

Avant l'établissement des Principes de l'Harmonie on n'employoit guères plus de quatre sons dans certains accords (j'entends de sons différens entr'eux) : beaucoup d'accords étoient même réduits au nombre de trois, & l'on en faisoit comme une claffe à part. De-là les *Petites & Grandes* Neuviemes, les *Petites & Grandes* Septiemes, &c (22).

---

(22) J'aimerois autant qu'on me dit le *Petit* & le *Grand* Accord parfait : comme fi lorfqu'on retranche quelque fon d'un accord on en changeoit la nature !

Si ceux qui ont encore aujourd'hui deux fortes de Neuviemes, deux fortes de Septiemes, &c, étoient conféquens, ils devroient avoir bien d'autres fortes d'accords ; par exemple, des accords à deux Sons pour les *Duo*, à trois pour les *Trio*, & ainfi de fuite. N'eft-il pas inconteftable que dans un Duo proprement dit, on ne peut employer plus de deux Sons? Donc ces deux Sons doivent former une claffe d'accords différente de ceux que peuvent fournir les Trio, les Quatuor, les Chœurs, &c. Je finis par cet exemple, crainte de fournir encore à quelqu'un, fans le vouloir, le moyen d'inventer une infinité d'autres accords en s'amufant à démembrer les *Grands* que contient ce Traité.   *

Or les accords de Onzieme & de Septieme-
superflue, qui contiennent cinq sons, ont dû
à plus forte raison subir des retranchemens.
On a donc pratiqué ces accords tantôt sans
neuvieme, tantôt sans septieme, tantôt enfin
sans l'un & sans l'autre de ces intervalles : &
ces différentes formes, prises pour autant
d'accords différens, ont eu leurs Signes propres, mais cependant communs aux deux genres d'accords. Les voici avec leurs Signes.

Accords incomplets.

$\frac{7}{4}$	ACCORD de Onzieme ou de Sep-tieme-superflue dont on a retran-ché la neuvieme, lequel par con-séquent ne reste composé que de quinte, septieme & onzieme, dite Quarte.
$\frac{5}{4}$ ou $\frac{5}{2}$	ACCORD de Onzieme ou de Sep-tieme-superflue dont on a retran-ché la septieme, lequel reste com-posé de quinte, neuvieme & on-zieme (23).

(23) Lorsqu'on regardoit une Neuvieme & une
Seconde comme une même chose en Harmonie (*),

(*) *Ce préjugé a duré assez longtems. Si quelques Musiciens ont
reconnu dans la suite quelque légere différence entre ces deux
intervalles, tels qu'un célèbre Organiste, cité par M. Dornel,*

4 ACCORD de Onzieme ou de Septieme superflue dont on a retranché & la neuvieme & la septieme. Il ne resteroit à cet accord que la quinte & la onzieme, mais la Pratique y a joint l'octave, pour remplacer en quelque façon les deux sons qui lui manquent : ainsi

on se servoit, dans quelques Signes, d'un 2 au lieu d'un 9, comme le pratiquent encore quelques Compositeurs : ainsi le 2 du signe de l'accord dont il est question ici représente la Neuvieme, par la même analogie que le 4, soit dans les accords de cette Section, soit dans ceux qui leur sont relatifs, représente la Onzieme. Ce sont encore là des restes de la routine ; il y a même une raison de plus pour la Onzieme, désignée par 4, c'est qu'on ne se doutoit pas seulement autrefois que cet intervalle pût être autre chose qu'une Quarte. Il est même encore aujourd'hui des personnes en présence desquelles il seroit dangereux de ne pas l'appeller *Quarte* : elles ont le Signe pour elles, & nous n'avons pour nous que la Théorie.

dans un petit Ouvrage intitulé Le Tour du Clavier, *ils ne chiffroient pas moins l'un & l'autre intervalle par un 2.*

« Feu M C ** , reconnu pour bon harmoniste, *dit M. Dornel*, ne vouloit point admettre de *neuvieme*, il la nommoit seconde supérieure. Cela le contraignoit de la chiffrer avec un 2 & un 3 dessus ou dessous ».

Cette opinion ne diminue en rien le mérite de M. C** ; cet habile Artiste cherchoit beaucoup plus les effets qu'il n'étudioit les Principes : On sçait d'ailleurs que la pratique & le raisonnement sont des choses différentes.

cet accord eſt compoſé de quinte , octave &
onzieme , ou , ſelon le langage des Praticiens , de quarte , quinte & octave.

En conſidérant tous ces accords comme
autant de retranchemens d'accords par Suppoſition , il eſt viſible qu'ils ne conſtituent
pas un nouveau genre , car l'Harmonie ne
connoît que l'union des Sons & non leur
ſéparation ; ainſi ce que j'ai dit à l'égard de
la *Onzieme* ou de la *Septieme-ſuperflue* , dans
les précédentes Sections , doit s'appliquer à
ces ſortes d'accords. Il me ſuffira d'ajouter
ici , ſoit pour les Compoſiteurs , ſoit pour
les Accompagnateurs , que les premiers en
faiſant dans leurs compoſitions , les *Re-*
tranchemens qu'ils jugent à propos , lorſqu'ils employent un accord de *Onzieme* ou
de *Septieme-ſuperflue* , devroient néanmoins
toujours *Chiffrer* l'accord complet que ces
Retranchemens repréſentent. Quant à ce
qui regarde les Accompagnateurs , ils n'ont
qu'à laiſſer faire au Compoſiteur comme
il l'entend , rien n'empêche qu'en accom-
pagnant ils ne faſſent toujours des accords
complets. Ainſi ils doivent regarder les
Signes de cette Section comme ſynonymes
avec celui de la *Onzieme* , ou , s'ils ſont ſur
des *Notes-principales* , comme ſynonymes
avec celui de la *Septieme-ſuperflue.*

Ceux des Accompagnateurs qui ſont dans
le goût des *Retranchemens*, pourroient encore

ne pas s'aftreindre à celui en particulier qu'a exigé l'Auteur : il ne fauroit y avoir ancun inconvénient qu'ils faffent entendre l'un quand l'Auteur aura marqué l'autre , ils n'auront fait avec lui , & en total , que le même accord primitif , repréfenté par ces informes mutilations.

SECTION CINQUIEME.

Accords Diffonans dérivés de celui de Sixte de la Soûdominante.

Comme l'accord de la foûdominante porte , dans la Pratique , le nom de *Grande-Sixte* & qu'il eft confondu par là avec celui de même nom , qu'on a vû , Section III de ce Chapitre , dériver d'une fimple feptieme , j'appellerai *Sixte-diffonante* celui dont il s'agit ici , afin qu'on puiffe entendre , dans la fuite de ce Traité , duquel des deux accords, du Fondamental ou du Dérivé, je voudrai parler. A l'égard du Signe , qui eft le même pour l'un & l'autre de ces accords , & parconféquent équivoque , lorfque dans cet Ouvrage il fera queftion de l'accord fondamental, c'eft-à-dire de cette Sixte que je nomme DISSONANTE , je joindrai deux *Points* aux Chiffres ordinaires , afin qu'on ne les prenne pas pour le Signe de l'accord *Dérivé* , pour le Signe de la Grande-fixte.

Quant aux dérivés de notre Sixte-diſſonante , ils portent également dans la Pratique les mêmes noms. & les mêmes ſignes
que ceux de la Section troiſieme; il ſeroit bien
à ſouhaiter qu'on voulut donner à tous ces
accords des noms & des ſignes propres (24),
ou que du moins on joignit aux chiffres
en uſage quelques Caractères diſtinctifs.
En attendant je me ſervirai encore ici de
deux Points , mais on ſe ſouviendra que
dans les Auteurs ces Signes ſont ſans Points.

Signes des Accords.	**A R T I C L E I.**
	Accords dérivés par Renverſement.
6: ou 4:	Accord appellé *Tierce-quarte* , ou *Petite-ſixte* , compoſé de tierce mineure , quarte & ſixte mineure, pour le Mode majeur , & de tierce majeure , quarte ſuperflue & ſixte

---

(24) Ce ſouhait ne pourra être rempli que lorſqu'on
commencera par diſtinguer ces accords les uns des
autres ; j'ai tâché , ſoit par le plan que j'ai ſuivi dans
cet Ouvrage , ſoit par la maniere de préſenter & ces
accords & les différens accords fondamentaux qui
les produiſent , d'en faire ſentir la différence : mais
les ſignes & les noms qui ſont en uſage me paroiſ-
ſent pour y parvenir y apporter de grands obſtacles.

majeure ,

*Signes
des
Accords.*

majeure pour le Mode mineur.
La quarte de cet accord , dans
l'une & l'autre forme , en eſt
la Diſſonance majeure : ſon accord fondamental , dans la premiere forme , eſt celui de *Sixte-
diſſonante* , avec tierce majeure ,
de la 3ᶜᵉ. majeure au‑deſſous.
Dans la ſeconde forme , c'eſt la
même Sixte-diſſonante , mais avec
tierce mineure , de la 3ᶜᵉ. mineure
au-deſſous.

Toute Note qui porte cet accord eſt *Sixieme-note*.

Au reſte pour diſtinguer cet accord de celui de la Section troiſieme , *pag.* 55 , lequel a les deux
mêmes noms , on pourroit appeller celui-ci *Tierce & Quarte diſſonante* (25).

---

(25) Puiſqu'on a deux noms pour deux accords ,
ne feroit-il pas aiſé d'en attacher invariablement
un à chacun ? On pourroit du moins , en donnant
le nom de *Tierce-quarte* aux deux , exprimer la nature de celui-ci & ſa différence totale d'avec l'autre ,
en ajoutant au mot *quarte* , ainſi que je le propoſe , l'épithéte de *Diſſonante* , puiſqu'en effet la
Quarte eſt Diſſonance majeure dans cet accord ,
tandis que dans celui de la Section troiſieme cette

2: Accord appellé de *Seconde*, qu'on pourroit surnommer *Dissonante*, pour le distinguer de celui qui dérive d'une Simple-dominante (26). Cet accord est composé de seconde majeure, quarte & sixte : cette sixte doit être majeure dans le Mode majeur , & mineure dans le Mode mineur. La seconde de cet accord en est toujours la Dissonance majeure ; son accord fondamental est la

même Quarte étant l'octave du Son fondamental, ne peut, comme telle , & selon l'harmonie fondamentale , être regardée que comme la plus simple & la premiere de tous les Consonances , comme identique avec le son qu'elle représente , comme *Æquisonance* enfin , car c'est son nom , bien loin de pouvoir être mise au rang des Dissonances.

Ceux des Accompagnateurs à qui certains Etrangers pourroient avoir recommandé de retrancher la Quarte dans les Petites-sixtes qui proviennent des Dominantes , regardant cette Quarte comme une dissonance , pourront , par ce que nous venons d'observer au sujet de cet Intervalle , juger de l'absurdité de pareils préceptes.

(26) Dans l'accord de *Seconde* de la Section troisieme , *pag.* 55 , ce n'est pas la seconde qui est

Signes des Accords.	

Sixte-diſſonante de la 5te. au-deſ-fous, mais avec tierce majeure, dans le Mode majeur, & avec tierce mineure, dans le Mode mineur.

Toute Note qui porte cet accord eſt *Note-principale.*

7: ACCORD appellé de *Septieme*, qu'on pourroit ſurnommer *Dé-rivée*, ou *Conſonante*, pour le diſtinguer des accords fonda-mentaux de Septieme, que por-

---

Diſſonance, mais la note même qui porte l'ac-cord ; au lieu que dans celui-ci, cette même note étant quinte du Son fondamental, c'eſt ſa ſeconde qui eſt Diſſonance.

On pourroit objecter, d'après ce que j'ai dit dans le Chapitre premier de l'*Introduction*, pag. 6, que l'une & l'autre ſeconde doivent être regardées comme Diſſonances, puiſqu'elles forment, dans les deux accords, un Intervalle, ou dégré, conjoint. Cela eſt vrai ſi l'on conſidére cette note en tant que Seconde, c'eſt-à-dire, ſi l'on compte toujours en partant du Son inférieur. Mais on doit obſerver que dans l'accord de la Section troiſieme, les deux Sons qui forment Seconde, ſont renverſés, que le ſupérieur étant l'octave du Son fondamental, c'eſt le Son inférieur, le Son Grave, qui eſt la Diſſonance, ou, ce qui revient au même, qui eſt

Signes des Accords.

tent les Dominantes (27). Dans le Mode majeur cet accord eſt compoſé de tierce mineute, quinte & ſeptieme mineure : ſon accord fondamental, dans cette forme, eſt la *Sixte-diſſonante,* avec tierce majeure, de la 6te. majeure au-deſſous. Dans le Mode mineur la quinte de cet accord doit être *Diminuée,* & ſon ac-accord fondamental, ſous cette derniere forme, eſt la *Sixte-diſſonante,* avec tierce mineure, de la 6te. majeure au-deſſous.

Toute Note qui porte cet accord eſt *Seconde-note,* & diſſonance majeure elle-même.

---

la ſeconde, le degré-conjoint du Son ſupérieur ; au lieu que dans l'accord dont il s'agit ici, les deux Sons conjoints étant dans l'ordre direct, & le plus Grave étant Quinte du fondamental, & parconſéquent *Conſonance,* il n'y a que le Son ſupérieur qui puiſſe être la Diſſonance, ou le degré-conjoint, de cette Quinte.

(27) La note qui fait ſeptieme dans cet accord, eſt la quinte du Son fondamental, parconſéquent elle eſt Conſonance ; au lieu que dans les accords fondamentaux de Septieme, c'eſt l'Intervalle de ce nom qui eſt & l'objet & la Diſſonance même de l'accord.

<table>
<tr><td>

Signes
des
Accords.

9:

</td><td>

ARTICLE II.

Accords dérivés par Suppofition.

ACCORD qu'on pourroit appeller *Neuvieme-confonante* [28], pour le diftinguer des Neuviemes que fourniffent les Dominantes. Cet accord n'eft ufité que dans le Mode majeur : il eft compofé de tierce majeure, quinte, feptieme majeure & neuvieme majeure. La tierce de cet accord en eft la Diffonance majeure, la feptieme & la neuvieme n'y font que des Diffonances apparentes & Accidentelles : fon accord fondamental eft la *Sixte-diffonante*, avec tierce majeure, de la 5te. au-deffus.

</td></tr>
</table>

(28) La neuvieme de cet accord étant encore ici quinte du Son fondamental, ainfi que la feptieme de l'accord précédent, elle eft donc auffi Confonance comme elle.

Toute Note qui porte cet accord eſt *Quatrieme-note* (29).

---

(29) J'ai ſuivi les idées reçues à l'égard de la conſtruction de cet accord ; mais il eſt bon d'obſerver que le Son fondamental, la Quinte, étant le ſon le plus près de la note qui porte cet accord, il s'enſuit que c'eſt par le Son fondamental même, par cette Quinte, que doit commencer la conſtruction de l'accord, en cette forme : 5te, 7me, 9me, & 10me. Au ſurplus, il eſt ſi peu vrai que la neuvieme, que j'ai miſe au rang des Diſſonances Accidentelles, ſoit effectivement Diſſonance, dans cet accord, qu'au lieu de pouvoir deſcendre, elle doit conſtamment reſter ſur le même degré, dans la ſucceſſion propre à cet accord ; & cela comme QUINTE du Son fondamental, d'où je l'ai appellée *Conſonante*. A l'égard de la ſeptieme, ſi elle deſcend, ce n'eſt point comme Diſſonance : elle eſt Tierce du Son fondamental, & elle ne fait, en deſcendant, que ſuivre ſa marche la plus naturelle.

C'eſt là le ſeul accord par ſuppoſition qu'on ait encore tiré de la Soûdominante ; il eſt même fort peu connu, & ne l'eſt que dans le Mode majeur, & ſous la forme dont je l'ai énoncé dans le Texte, c'eſt-à-dire, compoſé de 3^{ce}, 5te, 7me, & 9me. L'Exemple XXIX de la *Génération harmonique*, de M. Rameau, préſente cet accord dans la ſeconde Baſſe-continue. L'*ut* qui le porte eſt une note par Suppoſition, cenſée quinte au-deſſous de la ſoûdominante *ſol*, déſignée par un Guidon dans la Baſſe-fondamentale de l'Exemple. Auſſi cet *ut* doit-il être ſuppoſé une octave plus bas, ou bien il faut, par rapport à lui, ſuppoſer le Guidon une octave plus haut.

Quoique cette ſorte de Neuvieme ſoit peu pratiquée, il n'eſt pas moins conſtant qu'elle peut tenir, dans l'Harmonie, un rang auſſi diſtingué que tout autre accord de Suppoſition, puiſque ſon origine eſt la même, & qu'elle eſt formée de la même maniere que tous les accords de ce genre.

L'on pourroit même, en profitant de tout ce que fournit le Principe de la Suppoſition, donner à la Soûdominante un accord de plus : j'en parlerai dans la Troiſieme Partie de cet Ouvrage, où je propoſerai en même-tems une autre ſorte de Neuvieme, différente à certains égards de celle-ci, & toute compoſée de ſons pris dans un même Mode.

Je dis *dans un même Mode*, car il eſt viſible que l'accord qui fait l'objet de cet Article, préſente une double Modulation. Par exemple, dans l'accord *ut mi ſol ſi re* ou, plus exactement, *ut ſol ſi re mi*, de l'Exemple XXIX de la *Génération harmonique*, l'accord fondamental *ſol ſi re mi* appartient inconteſtablement au Mode majeur de *Re* : or le Son par Suppoſition, *l'ut-naturel*, n'étant point de ce Mode, il appartient néceſſairement à celui de *Sol*, auquel on paſſe immédiatement après l'accord, dans cet Exemple, en rendant Dominante-tonique le *re* qui ſuit, & qui auroit dû paroître comme Tonique.

Si j'ai dit dans le Texte, que toute Note qui porroit cette ſorte de Neuvieme, étoit Quatrieme-note, c'eſt uniquement pour rendre l'énoncé de cette Regle avec plus de préciſion : il ſuffit d'ailleurs que cette Note ſoit effectivement le quatrieme de-

<table>
<tr><td>

*Signes
des
Accords.*

×6
5

</td><td>

SECTION SIXIEME.

*Accords Diſſonans & par Subſtitu-
tion dérivés de celui de
Septieme-diminuée.*

ARTICLE I.

Accords dérivés par Renverſement.

ACCORD de *Sixte-ſenſible avec
fauſſe quinte*, compoſé de tierce
mineure, quinte diminuée & ſixte
majeure. La tierce de cet accord

</td></tr>
</table>

gré, la *Quatrieme-note*, du Mode prochain auquel
elle appartient, mode dont la préſence même s'annonce par cette Note, pour que ma propoſition ſoit
exactement vraie, bien que les autres ſons qui forment l'accord de cette note, appartiennent à un mode
différent, au Mode actuel, ou pour mieux dire, à
celui qui étoit l'actuel, & qui ceſſe de l'être en cé-
dant ſa place au nouveau mode. Du reſte cette matiere auroit beſoin d'être traitée plus au long, ou du
moins d'être éclaircie par quelques Exemples, mais
ce n'en eſt pas ici le lieu. J'ai crû devoir jetter ſeulement quelques idées à ce ſujet, parce que le peu qu'on
a dit touchant cet accord, dans le Livre que j'ai
cité, m'a paru préſenter, parmi quelques vérités,
une ſource d'erreurs. *Voyez Génér. harm. pag.* 186.

en est la Dissonance mineure primitive (30) , la quinte est une nouvelle dissonance qu'occasionne la Substitution., & que pour mieux désigner on pourroit appeller *Dissonance diminuée*, en la supposant néanmoins toujours dans la classe des mineures, ou la regardant comme telle, pour la *sauver* en descendant (31).

---

(30) L'accord de septieme-diminuée *ut*✶ *mi sol si* ♮ , par exemple, représentant celui de la dominante *la ut*✶ *mi sol*, il est aisé de voir que la quinte du premier accord , le *sol*, est dissonance primitive dans celui de la dominante *la ut*✶ *mi sol*.

(31) On a appellé *Dissonance majeure* la sixte de la Soûdominante , parce que cet intervalle est majeur ; on a appellé *Dissonance mineure* la septieme de la Dominante, parce que cet intervalle est mineur ; Je n'ai pû me déterminer à appeller *mineure* une dissonance qui dans l'accord fondamental est une septieme moindre que la mineure , & qui porte à si juste titre la dénomination de Diminuée. J'ai cru devoir appeller , par analogie , & pour plus d'exactitude, *Dissonance diminuée* , celle que forme cette sorte d'intervalle, dont l'accord même , duquel il fait partie , a pris le nom de *Septieme-Diminuée*.

Signes des Accords.

L'accord fondamental de cette forte de Sixte est la *Septieme-diminuée* de la 3ᶜᵉ. mineure au-deſſous.

. Toute Note qui porte cet accord eſt *Seconde-note* d'un Mode mineur.

×⁴₃ ACCORD de *Triton avec tierce mineure*, compoſé de tierce mineure, quarte ſuperflue. & ſixte majeure. La tierce de cet accord en eſt la Diſſonance diminuée : ſon accord fondamental eſt la *Septieme-diminuée* de la 5ᵗᵉ. diminuée au-deſſous.

Toute Note qui porte cet accord eſt *Quatrieme-note* d'un Mode mineur, & diſſonance mineure primitive elle-même.

×2 ACCORD de *Seconde-ſuperflue*, compoſé de ſeconde ſuperflue, quarte ſuperflue & ſixte majeure. La ſixte de cet accord en eſt la Diſſonance mineure primitive (32) : ſon

---

(32) Cette ſixte, quoique ſixte & quoique majeure, eſt néanmoins Diſſonance mineure. Ceux à qui cette propoſition pourroit paroître étrange n'ont qu'à conſulter la Baſſe-fondamentale primitive. (*Voyez Note 30, pag. 73*).

Signes des Accords.

accord fondamental, est celui de *Septieme-diminuee* de la 7me. diminuée au-dessous.

Toute Note qui porte cet accord est *Sixieme-note* d'un Mode mineur, & Dissonance diminuée elle-même.

ARTICLE II.

Accords dérivés par Supposition.

9 ※ ACCORD de *Neuvieme mineure avec tierce majeure*, composé de tierce majeure, quinte, septieme mineure & neuvieme mineure. La septieme de cet accord en est la Dissonance mineure primitive, & la neuvieme en est la Dissonance diminuée : son accord fondamental est celui de *Septieme-diminuée* de la 3ce. majeure au-dessus.

Toute Note qui porte cet accord est *Cinquieme-Note* [33].

(33) Cet accord est peu connu, mais il est très pratiquable. La Note qui peut le porter doit être regardée, dans la Basse-continue, comme un Son

TRAITÉ

×$\frac{5}{4}$ | ACCORD de *Quinte-superflue avec quarte*, composé de quarte, quinte superflue, septieme majeure, & neuvieme majeure, selon la Pratique, & plus exactement, de quinte superflue, septieme majeure, neuvieme majeure & onzieme. La neuvieme de cet accord en est la Dissonance mineure primitive, la quarte [c'est-à-dire onzieme] en est la Dissonance diminuée ; la septieme n'y est qu'une dissonance Accidentelle : son accord fondamental est celui de *Septieme-diminuée* de la 5te. superflue au-dessus.

Toute Note qui porte cet accord est *Médiante* d'un Mode mineur [34].

par Supposition, ajouté au-dessous de l'accord de Septieme-diminuée, pris dans ce cas comme fondamental propre, quoique dans son origine il ne le soit que précairement, c'est-à-dire, par substitution (*Chapitre II, pag. 46*).

(34) Beaucoup de Musiciens pourroient être surpris de ne point trouver ici au rang des dissonances de cet accord l'Intervalle alteré de quinte superflue, mais je les prie d'observer que cet Intervalle, quoique faux, quoique discordant, ne peut cependant être mis au rang des Dissonances,

$\times\frac{7}{6}$ ACCORD de *Septieme-superflue avec sixte mineure*, compofé, felon la Pratique, de fixte mineure, feptieme majeure, improprement dite fuperflue, neuvieme majeure & onzieme : & felon fa vraie conftruction, de feptieme majeure, neuvieme majeure, onzieme & treizieme mineure, octave de la fixte. La onzieme de cet accord en eft la Diffonance mineure primitive, la fixte [ou treizieme] en eft la Diffonance diminuée; la neuvieme, & la feptieme, dite fuperflue, n'y font que des diffonances Accidentelles [35] : fon accord fondamental eft celui de *Septieme-diminuée* de la 7me. majeure au-deffus.

Toute Note qui porte cet accord eft *Note-principale*.

---

fi l'on prend ce terme ftrictement & dans le fens qu'il doit avoir en Harmonie. Je crois m'être déja affez expliqué là-deffus, foit dans l'*Introduction*, pag. 6, foit à la *Note 16*, pag. 44.

(35) La note qui forme feptieme dans cet accord eft la même (en fuppofant la même harmonie fondamentale) que celle qui fait quinte

SECTION SEPTIEME.

De l'Accord de Sixte superflue.

DANS les Modes mineurs, lorsque la sixieme note en descendant va former un *Repos* sur la Cinquieme, on se sert quelquefois, pour mieux annoncer ce Repos, d'un accord appellé de *Sixte-superflue*, qui n'est autre chose que celui de *Petite-sixte* dont on a altéré la sixte en l'élévant d'un demi-ton, ce qui la rend superflue, de majeure qu'elle étoit.

Cet accord, comme Petite-sixte, doit être désigné par un 6 barré, avec un Dièse à côté, pour exprimer l'altération de la sixte. Si quelques Auteurs ne désignent cet accord que par un simple 6, c'est qu'ils l'envisagent sous un autre point de vûe, comme on le verra à la Note qui termine cette Section.

---

superflue dans l'accord précédent ; ainsi ce que je viens de dire à la Note précédente pourra suffire pour cette septieme prétendue dissonance, & qui ne l'est pas plus qu'elle n'est superflue, (*Voyez l'Introduction, pag. 18*).

*6 | Accord de *Sixte-superflue*, com-
posé de tierce majeure, quarte
superflue & sixte superflue. La
tierce de cet accord en est la
Dissonance mineure : son accord
fondamental est une sorte de Septieme mineure, avec tierce ma-
jeure & fausse quinte, de la 5te.
diminuée au-dessous [36].

---

(36) Cet accord fondamental n'a point de nom
propre, parce qu'il n'est presque pas connu, quoique son Dérivé, la Sixte-superflue, le soit déja
assez. Ce dernier accord ne pouvant néanmoins,
par sa structure, être regardé comme fondamental,
doit nécessairement avoir un fondement, & nécessairement encore, n'avoir d'autre fondement que cette
même Septieme que je lui assigne, portant tierce
majeure & faussequinte.

Par exemple, quel fondement donner à la sixte-
superflue *fa la si re*✳, sinon l'accord *si re*✳ *fa la*
qui ne contient précisément que les mêmes sons,
mais rangés par tierces, c'est-à-dire, dans un ordre direct, ordre qui constitue tout accord fondamental ? Or il est évident que l'accord *si re*✳
fa la, n'est proprement ni un Accord-sensible, puisque sa quinte n'est pas juste, ni une Simple-septieme,
puisque sa tierce est une note sensible : il doit
donc former une classe particuliere d'accord fondamental, qu'il conviendroit de distinguer par un
nom propre, pour éviter toute équivoque.

Dans le Chapitre suivant je donne un nom à cet

Toute Note qui porte cet accord eſt *Sixieme-note* d'un Mode mineur, & annonce un *Repos* ſur la Cinquieme-note [37].

A V E R T I S S E M E N T.

J'ai renfermé dans ces deux Chapitres tout ce qu'on connoît d'accords juſqu'à préſent. Ceux qui voudront s'y tenir peuvent ne pas lire le Chapitre ſuivant , & paſſer au Quatrieme , où je traite des ſuſpenſions.

---

accord fondamental , lequel une fois admis , ne doit pas , ſans doute , avoir la ſeule *Sixte-ſuperflue* pour *Dérivés* ? Auſſi en propoſerai-je d'autres , dans ce Chapitre , aux *Amateurs de l'Harmonie.* Ils y retrouveront la *Sixte-ſuperflue* dans ſon ordre de génération , mais je ne ferai que l'indiquer , puiſque j'en traite ici.

(37) Pluſieurs Muſiciens étrangers , ſoit Compoſiteurs , ſoit Accompagnateurs , qui abondent encore en Sixtes appellées *ſimples* , ou *ordinaires* , ne pratiquent la Sixte-ſuperflue ſur la Sixieme-note, que comme Sixte-ſimple , telle que celle de la Médiante , ou même de la Seconde-note , ſur laquelle ils ne font également que cette ſorte de ſixte , comme on le pratiquoit auſſi en France avant l'établiſſement de ce qu'on a appellé *Règle de l'Octave* , règle qui a précédé l'époque des Principes qu'on a enfin trouvés à l'Harmonie. Bien plus ces Accompagnateurs

compagnateurs à fixte ont même la patience & la
fage précaution de retrancher la Quarte de toutes
les Petites-fixtes qu'ils rencóntrent dans nos Baffes-
chiffrées , parce que , difent-ils , cette Quarte eft
DISSONANCE (*Voyez* Note 25 , *pag. 65*). Or celle
qui fait partie de l'accord dont il s'agit ici , pour-
roit-elle , felon ces Etrangers , ne pas fubir la même
profcription , puifqu'elle n'eft pas même une Quarte
jufte , mais un Intervalle *faux, difcordant* un *TRITON* ?
Auffi ne compofent-ils leur *Sixte-fuperflue* que de
tierce , fixte fuperflue & octave , comme feroit
fa la re✳ fa , ou bien , en doublant la tierce , *fa
la re✳ la.*

Il eft important de faire obferver ici à ceux de
nos Accompagnateurs qui pourroient n'être encore
qu'au point où en font les Etrangers dont je parle,
ou même à ceux qui, ayant connu les Petites-fixtes,
pourroient être revenüs aux Sixtes-fimples, parce
qu'ils les prendroient pour un perfectionnement
de l'Art, il eft important, dis-je, de faire obferver aux uns & aux autres, qu'une telle fixte fur
fa, par exemple, n'offrant jamais dans fes différentes
formes , de Sixte-fimple , de Sixte-doublée ou de
Tierce-doublée , que les trois notes diverfes *fa , la ,
re✳*, ne peut par conféquent avoir pour Baffe fondamentale que l'accord direct *re✳ fa la* ; accord
dont la Tierce & la Quinte font diminuées. Or
voudra-t-on donner le nom de *Parfait* à un accord,
dont les Intervalles qui le compofent font ainfi
mutilés ? A un accord enfin qui n'en eft pas un?

Mais fi ces trois Sons ne peuvent par eux mêmes
former aucune forte d'accord , il eft évident
d'ailleurs qu'ils font une portion de quelqu'autre

F

accord, & qu'en effet ils appartiennent à cette
forte de Septieme avec tierce majeure & fauffe-
quinte, que j'affigne pour accord fondamental à la
Sixte fuperflue. Accord qui feroit ici *fi reX fa la*,
& dont le *fa*, mis pour Baffe continue, donne la
fixte-fuperflue *fa la fi reX* ; compofée, comme on
voit, de tierce, quarte & fixte, vraie forme de la
Sixte-fuperflue qu'on pratique en France, & qui à raifon de fa conftruction doit être mife dans la claffe
des Petites-fixtes.

On pourroit remarquer que fi dans cet accord
le *reX* forme quelque difcordance avec *fa*, en
revanche ce *reX* eft la tierce harmonique de *fi*, Son
fondamental de l'accord. D'où je conclus que la
difcordance entre *fa* & *reX* (fi toutefois il y en a)
n'eft occafionnée que par le feul *fa*, que le ta-
tonnement, l'oreille, les loix de la Mélodie, &
enfin l'impreffion du mode qui précède l'accord
dont il s'agit, ont fait fubftituer au *fa-dièfe*, quinte
vraiment naturelle, & phyfiquement harmonique
de *fi*. En effet les occafions où l'on pratique cet
accord, les tournures de Baffe-continue dans lefquelles on l'employe, le chant des Parties qui réfulte de cet accord & de fa fucceffion, tout enfin,
fi l'on y reflechit, confirme mon opinion.

Je ne craindrai pas d'ajouter ici quelques développemens fur l'origine & la nature de cet accord,
d'autant que cette matiere n'a été traitée encore
par perfonne ; d'ailleurs mes idées en deviendront
plus lumineufes & plus fenfibles.

Par exemple dans ce chant de Baffe *la fol fa mi*
(en *A-mi-la*), où le *fa* feroit fuppofé d'une durée
fuffifante pour porter **deux** accords ; fi pour mieux

annoncer le repos que çe chant va former fur *mi*, on fait paſſer le *fa* à ſon dièſe, de cette maniere, *la ſol fa fa× mi*, en donnant la ſixte majeure à ce *fa×*, devenu Seconde-note de *mi*, ainſi qu'on le pratiquoit fort ſouvent dans la muſique Italienne, vers le tems de *Corelli*, on aura pour lors, dans la Partie ſuperieure, le chant *mi mi re re× mi* : ou ſi le premier *fa* de la Baſſe a été ſuppoſé porter la Septieme, ſuivie de la Petite-ſixte majeure ſur *fa×*, on aura le chant *mi mi mi re× mi*. Or pour rendre la Baſſe plus chantante, continuez le *fa-naturel* pendant les deux accords que portent *fa* & *fa×*, en laiſſant ſubſiſter le *re×* dans la Partie ſuperieure, & vous aurez une ſixte ſuperflue entre *fa* de la Baſſe & *re×* du chant ; c'eſt auſſi ce qu'on a fair. Ainſi cet Intervalle, & l'accord qui le porte, ne préſentent autre choſe que les droits mutuels de l'Harmonie & de la Mélodie, droits que l'Art, guidé par le gout, a ſçu enfin réunir dans la formation de cette ſorte d'accord.

Obſervons encore, que cet accord comporte une double modulation : car le *re-dièſe* appartient réellement, comme note ſenſible, au mode de *mi*, & le *fa-naturel* en conſervant l'impreſſion du mode antérieur, du mode de *la*, détruit toute idée de modulation en *mi*, & prépare l'oreille à recevoir agréablement ſur ce *mi* une Tierce-majeure, un *ſol×*, lequel de ſon côté achéve de dépouiller *mi* de tout droit de Tonique, pour le ſubordonner à la tonique *la*, & le préſenter à l'oreille comme quinte de cette tonique, où, ſelon ce que j'ai établi dans le troiſieme Paragraphe du chapitre V de l'*Introduction*, comme *Cinquieme-note*.

F ij

CHAPITRE III.

Accords Diſſonans altérés.

SECTION PREMIERE.

De l'Accord-ſenſible avec fauſſe quinté.

J'APPELLE Accord - ſenſible avec fauſſe quinte celui que j'ai dit être le fondamental de la Sixte-ſuperflue, dans le Chapître précédent : ce nom le diſtinguera aſſés du vrai *Accord-ſenſible* & de la Simple-ſeptiéme.

Je ne m'arrêterai point ici à conſtater l'exiſtence de cet accord fondamental, ni à prouver que la *Sixte-ſuperflue* n'en peut avoir d'autre : ce que j'ai dit dans les deux *Notes* précédentes pourra ſuffire à cet égard, en attendant qu'on trouve à la Sixte-ſuperflue quelqu'autre fondement, ou qu'on nous prouve qu'elle eſt fondamentale elle-même, ou qu'elle n'a point de fondement.

L'accord-ſenſible avec fauſſe quinte ſuppoſé admis, doit néceſſairement, comme je l'ai inſinué dans ce qui eſt en italique

à la fin de la *Note 36*, pag. 79, doit, dis-je,
néceffairement produire d'autres accords,
foit par renverfement, foit par fuppofition,
ainfi que tous les accords de feptiéme. Bien
plus, comme accord-fenfible, je lui fubftitue une forte de feptiéme - diminuée ana-
logue à fa nature, c'eft-à-dire, portant la
même altération que lui. Enfin ce feroit
refter en chemin que de ne pas tirer de ce
nouvel accord de *fubftitution* d'autres dérivés, en employant pour cela les deux opérations connues, je veux dire, le Renverfement & la Suppofition. C'eft ce qui faira
le fujet du premier Chapitre de la troifiéme
Partie de cet Ouvrage : ce que j'ai à expofer ici, ce font les accords fournis directe-
ment par notre accord-fenfible ; accord que
je vais mettre fous les yeux du Lecteur,
tant pour procéder avec ordre & répandre
plus de clarté dans la Section fuivante, que
pour donner fon Signe, & dire au fujet de
l'accord même, ce que je n'ai pû placer
dans la derniere Section du Chapitre précédent, où il n'étoit queftion que de fon
Dérivé.

	Signes des Accords.	*Accord fondamental.*
7	7	
♯ ou	×	
※	♯	

*A*CCORD-SENSIBLE *avec fauſſe quinté*, compoſé de tierce majeure, quinte diminuée & ſeptiéme mineure (comme *ſi re*※ *fa la,* dans le Mode mineur de *La*) : cette ſeptiéme eſt diſſonance mineure (38).

La note fondamentale de cet accord doit, ſans doute, avoir auſſi ſon nom ? Je l'appelle *Dominante-mixte*, tant à cauſe d'un double caractère qu'on ne peut s'empêcher de lui reconnoître, qu'à cauſe de la nature de l'accord qu'elle porte. 1°. Cette note eſt primiti-

---

(38) Cet accord ne peut être déſigné avec moins de caractéres que par le premier Signe que je lui donne, ou par le ſecond, qui n'eſt que le ſynonyme du premier [Voy. *Note* 14 pag. 40]. L'altération de la Quinte de cet accord, & celle de ſa tierce, doivent néceſſairement être exprimées l'une & l'autre, pour que le Signe ne coincide pas avec celui de l'Accord-ſenſible, auquel on eſt obligé de joindre un Dièſe ou un Béquarre, ſoit dans les Modes mineurs, ſoit dans des changements de Ton, ni avec celui d'une Simple-ſeptieme, qu'on ſçait être accompagné fort ſouvent de ♯, dans les Modes mineurs.

vement *Seconde-note* d'un mode mineur, mais elle prend en partie le caractère de Dominante-tonique ; 2°. quant à son accord, il est également en partie Accord-sensible, à cause de sa tierce, & en partie Simple-septiéme, à cause de sa quinte, mais il n'est exactement ni l'un ni l'autre (Voy. *Note 36*, pag. 79). La note qui porte cet accord ne pouvant donc être appellée reguliérement ni Dominante-tonique, ni Simple-dominante, & participant néanmoins de l'une & de l'autre de ces dominantes, j'ai crû pouvoir l'appeller *Dominante-mixte*, sans m'opposer à ce qu'on lui donne un tout autre nom ; je demande seulement qu'on s'entende. Ainsi,

Toute Note qui porte cet accord est primitivement *Seconde-note*, mais devient *Dominante-mixte*, annonçant un *Repos* sur la Cinquiéme-note, dont elle peut être regardée, dans un sens, comme la dominante (39).

---

(39) Le *Repos* dont il est question ici, & dont il sera souvent fait mention dans ce Chapitre, s'opere par le retranchement de la dissonance de l'accord que porte la Dominante-tonique. Cette dominante n'ayant plus alors que l'Accord-parfait, & n'étant pas obligée, par cette raison, de passer à sa tonique, peut elle-même terminer une Phrase musicale. Aussi ne doit-on plus, dans ce cas, l'appeller Dominante, mais seulement *Cinquieme-note* (*Introd.* chap. 5, §. 3).

SECTION II.

Accords dérivés du Sensible avec fausse quinte.

QUOIQUE les accords dont je parlerai dans les Articles dont cette Section sera formée, n'aient pas besoin d'exemples, puisque j'y énonce, ainsi que je l'ai fait ailleurs, le genre de chaque Intervalle, & que j'assigne un caractère ou un rang connu dans le Ton aux notes qui portent ces accords, néanmoins comme il s'agit ici, pour ainsi dire, d'une autre Harmonie, je donnerai pour chaque accord un exemple en noms de notes, pour rendre plus sensible ce que j'aurai à dire. Ces noms de notes sont supposés être du Mode mineur de *La.*

Je dois avertir encore que dans les Modes avec des Bémols, il faut, au lieu des Béquarres qui accompagnent les chiffres accessoires de la plûpart des Signes, employer des Bémols : non que ces Bémols ou ces Béquarres soient absolument nécessaires, dans un sens, puisque les premiers doivent être à la clef, & que les Béquarres tombent sur des notes qui ne sont pas dié-

fées felon la clef, mais les uns ou les autres de ces Signes, ainfi que les Chiffres acceffoires, deviennent indifpenfables, tant
pour ôter toute indécifion, que pour empêcher l'effet du Signe, ou Chiffre, principal qui, s'il étoit feul, confondroit ces accords avec ceux que produit le *Senfible* d'une
Dominante-tonique.

ARTICLE I.

Signes
des
Accords.

Accords dérivés par Renverfement.

ACCORD qu'on pourroit appeller
de *Fauffe-quinte avec tierce diminuée,* compofé de tierce diminuée, quinte diminuée & fixte
mineure, comme *re fa la fi.* La
quinte de cet accord en eft la
Diffonance mineure : fon accord
fondamental eft le *Senfible avec
fauffe quinte* de la 3ce. majeure
au-deffous, *fi re fa la.*

Toute Note qui porte cet accord eft primitivement *Quatrieme-*

TRAITÉ

note d'un Mode mineur, mais devient *Note-sensible* de la Cinquiéme-note, sur laquelle va se former un Repos.

❋ 6̄

ACCORD de *Sixte-superflue.* Voyez ci-devant, pag. 79.

Cet accord seroit ici, *fa la si rex*, dont l'accord fondamental est, *si rex fa la.*

♮ 6
× 4

ACCORD de *Triton avec sixte mineure*, composé de seconde majeure, quarte superflue & sixte mineure, comme *la si rex fa.* Son accord fondamental est le *Sensible avec fausse quinte* de la 7ᵐᵉ. mineure au dessous, *si rex fa la.*

Toute Note qui porte cet accord est primitivement Tonique d'un Mode mineur, mais elle prend en partie le caractère de *Quatriéme-note* par la forme de son accord.

Cette note est dissonance mineure elle-même, & en annonçant un Repos sur la Cinquiéme-note du Ton primitif, elle descend diatoniquement (en tant que

Signes des Accords. Diffonance mineure) fur la tierce de cette Cinquiéme-note, ou bien elle paffe, par licence, à la Cinquiéme-note même, en y defcendant de quarte. Ainfi le *la* qui porteroit cet accord, defcend à *folx* ou à *mi*.

ARTICLE II.

Accords dérivés par Suppofition.

9
7
＊5

ACCORD qu'on pourroit appeller de *Neuviéme avec Septiéme diminuée*, compofé de tierce mineure, quinte (rendue jufte par un Diéfe ou un Béquarre), feptiéme diminuée & neuviéme mineure, comme *folx fi rex fa la*. La neuviéme de cet accord en eft la Diffonance mineure : la feptiéme, quoique Diminuée, n'y eft qu'une diffonance Accidentelle; fon accord fondamental eft le *Senfible avec fauffe quinte* de la 3ᶜᵉ. mineure au-deffus, *fi rex fa la*.

Toute Note qui porte cet accord, eft *Note-fenfible* d'un Mode mineur, mais au lieu de paffer à sa Tonique, elle annonce, au contraire, un Repos sur la Cinquiéme-note, soit en y passant réellement, soit en continuant de rester sur le même degré, pour former la tierce de cette Cinquiéme-note.

♮7
×5

ACCORD qu'on pourroit appeller de *Quinte-superflue avec septiéme mineure* (40), composé de tierce majeure, quinte superflue, septiéme mineure & neuviéme majeure, comme *sol si re✕ fa la.* La neuviéme de cet accord, ainsi que dans le précédent, en est la Dissonance mineure : la septiéme n'y est de même qu'une dissonance Accidentelle (41) ; son accord fondamental est le *Sensible avec fausse quinte* de la 3ce. majeure au-dessus, *si re✕ fa la.*

---

(40) On sçait que dans l'accord de Quinte-superflue ordinaire, la septieme doit être Majeure : ainsi la dénomination que je donne à celui-ci exprime assés sa différence d'avec la Quinte-superflue ordinaire.

(41) A l'égard de la quinte superflue, elle sera tout ce qu'on voudra, excepté DISSONANCE, si l'on prend ce terme dans l'acception qu'il doit avoir en Harmonie. *Voyez* Note 16, *pag. 44.*

Toute Note qui porte cet accord eſt *Septiéme-note* d'un Mode mineur (Voyez l'*Introduction*, pag. 28), & annonce un Repos ſur la *Cinquiéme-note*, ſoit en y paſſant réellement, ſoit qu'étant élevée d'un demi-ton mineur elle continue d'en être la tierce.

♮9
×7

ACCORD qu'on pourroit appeller de *Septiéme-ſuperflue avec neuviéme mineure* (42), compoſé de quinte, ſeptiéme majeure, neuviéme mineure & onziéme, comme *mi ſi re ✳ fa la.* La onziéme de cet accord en eſt la Diſſonance mineure, la ſeptiéme & la neuviéme n'y ſont que des diſſonances Accidentelles : ſon accord fondamental eſt le *Senſible avec fauſſe quinte* de la 5ᵗᵉ. au-deſſus, *ſi re ✳ fa la.*

Toute Note qui porte cet accord eſt *Cinquiéme-note*, & il va ſe former ſur elle un Repos, annoncé par le genre d'accord qu'elle porte.

---

(42) Je me conforme ici à l'uſage à l'égard de l'épithéte de Superflue que je donne à la ſeptieme

CHAPITRE IV.

Des Suspensions.

OUTRE les accords que nous fournit l'Harmonie, le Mélodie semble nous donner aussi les siens. Ces sortes d'accords, les Suspensions, n'ont eu d'abord d'autre origine qu'un certain goût de chant & une idée vague d'introduire dans la Musique quelques dissonances, pour rompre en quelque façon la monotonie des Accords Consonans que, pour toute Harmonie, on employoit autrefois dans la Musique.

Quoique l'Harmonie moderne fournisse une infinité de manieres de rendre les consonances plus piquantes, en leur opposant cette multitude d'accords Dissonans dont elle s'est enrichie, néanmoins, soit goût, soit usage, on n'a point rejetté les Suspensions, d'autant que c'est d'après elles &, pour

---

qui fait partie de cet accord, quoique cette septieme ne soit que majeure (Voyez l'*Introduction*, pag. 18); mais le langage de la Pratique fera mieux sentir, dans cette occasion, l'analogie de cet accord avec celui de la page 52, qui n'est connu que sous le nom de Septieme-superflue.

ainſi dire, ſur leur modele, qu'ont été formés la plûpart des accords appellés *par ſuppoſi-tion*.

Je diſtinguerai deux ſortes de ſuſpenſions : celles *de chant* & celles d'*harmonie*.

Les ſuſpenſions de chant conſiſtent à conſerver, ſeulement pour quelque tems, un ou deux ſons d'un accord, pour les faire entendre à la place d'autres ſons qui de-vroient paroitre d'abord dans un accord ſuivant, mais qui ſont uniquement retardés par les ſons qu'on a conſervés, & aux-quels ces ſons conſervés viennent enfin aboutir.

Les ſuſpenſions d'harmonie s'opérent par la continuation, ou prolongation, de l'accord total d'une note : prolongation qui formant, ſur une nouvelle note, un des accords ap-pellés *par ſuppoſition*, ſuſpend ainſi pour un tems l'accord que, d'après les Routes fon-damentales, cette nouvelle note auroit ſem-blé devoir porter d'abord. Cet accord re-tardé paroit enſuite, ſoit effectivement ſur la même note qui devoit le porter, ſoit, ſous une forme différente, ſur l'un des ſons qui entrent dans la compoſition de l'accord.

Comme ces dernieres ſuſpenſions ſont eſſentiellement de vrais accords de ſuppo-ſition, je n'aurois plus rien à en dire ici, puiſque j'ai déja traité de ces ſortes d'accords, & que ce qu'il y auroit à ajouter à ce sujet, ne roulant que sur la maniere d'employer ces accords, appartient en propre aux Régles de la Composition, qu'on sçait, par le titre de cet Ouvrage, n'être pas de mon objet. Cependant je donnerai ici un éxemple de ces suspensions, pour suppléer en quelque façon, tant à ce qui n'a pas été dit par les Auteurs qui ont traité cette matiere, qu'à ce que j'aurois pû en dire moi-même si le plan de mon ouvrage l'avoit comporté.

A l'égard des suspensions de chant, comme elles ne sauroient en aucune maniere tenir un rang parmi les accords, elles entrent encore moins dans mon plan ; mais comme il s'en faut beaucoup que cette matiere soit encore suffisament développée , & que même la plûpart de ceux qui l'ont maniée jusqu'à présent, n'ont fait que l'embarasser & l'obscurcir , j'ai cru devoir ajouter un second Exemple pour ces dernieres suspensions, afin qu'on puisse s'en former une idée assés nette pour s'empêcher de les confondre avec les suspensions d'harmonie, & pour se mettre en état de les apprecier, c'est-à-dire, de ne les regarder que comme notes de goût.

EXEMPLE.

EXEMPLE I.
Suspensions d'Harmonie.

EXEMPLE II.
Suspensions de Chant.

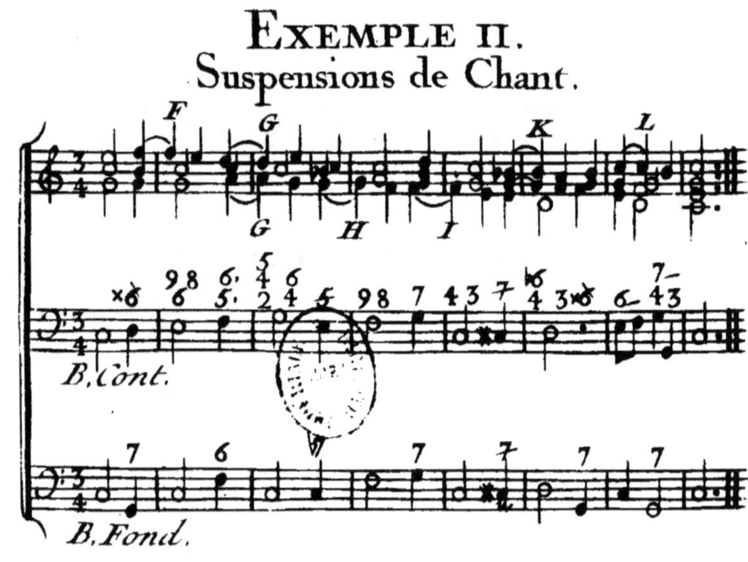

Explication de l'Exemple I.

A. Prolongation, ou continuation, de l'accord de *Grande-sixte* de l'*ut* formant sur *re* un accord de *Onzieme*.

B. Prolongation de la *Petite-sixte* du *re*, formant sur *mi* un accord de *Neuvieme*

C. Prolongation de la *Petite-sixte* du *mi*, formant sur *fa* la *Quinte-superflue*.

D. Prolongation de l'*Accord-sensible* du *re* formant sur *sol* la *Septieme* dite *superflue*

E. Prolongation de l'Accord de *Fausse-quinte* de *sol-dièse*, formant sur *la* une *Septieme-surperflue*, mais dont a retranché la neuvieme & la septieme (Chap. 2, sect. 4, pag. 61).

Explication de l'Exemple II.

F. Neuvieme qui suspend l'octave de l'accord de *Sixte* sur *mi*.

G. Quinte & seconde qui suspendent, l'une la sixte, l'autre l'octave de la *Sixte-quarte* sur *sol*.

H. Neuvieme qui suspend l'octave de l'*Accord-parfait* sur *fa*.

I. Quarte qui suspend la tierce de l'*Accord-parfait* sur *ut*.

K. Sixte & quarte qui suspendent la quinte & la tierce de l'*Accord-parfait* sur *re*.

L. Quarte qui suspend la tierce de l'*Accord-sensible* sur *sol*.

On voit par le premier de ces Exemples que les suspensions d'harmonie ne sont autre chose que des Accords de *Supposition*, em-

G

ployés d'une certaine maniére, c'est-à-dire,
en les faifant précéder d'un accord qui con-
tienne précifément les mêmes fons : ce qui
ne manquera pas d'arriver toutes les fois
qu'on voudra répéter, dans la Baſſe fondamentale, un même accord diſſonant, pendant
que la Baſſe-continue paſſera d'une note priſe
de cet accord, à un fon étranger, à une
Note par fuppofition. Ainſi la *Onzième* à *A*
de cet Exemple, la *Neuviéme* à *B*, la *Quinte-
fuperflue* à *C* & la *Septiéme-fuperflue* à *D* &
à *E*, qui dans le langage des Praticiens ſont
appellées des *Accords de fufpenfion*, ſont en
effet de vrais accords de SUPPOSITION, pra-
tiqués en fyncopant.

Je pourrois faire remarquer pour fortifier
cette idée, que tel accord que les Muſiciens
appellent, accord de fufpenfion, ne ſeroit
plus, dans leur opinion & dans leur langage
même, qu'un accord de fuppofition, ſi celui
qui le précéde portoit une Baſſe fondamentale différente : comme ſeroit à *A* (*Ex.* I),
ſi au lieu de la *Grande-fixte*, on donnoit
l'*Accord-parfait* à l'*Ut* de la Baſſe-continue ;
ou comme à *B* (*Ibid.*), ſi au lieu de la *Sixte*
ſur *re* on y continuoit la *Septieme*.

Ainſi les fufpenfions d'harmonie ne pré-
ſentant que des accords connus n'amenent
rien de nouveau pour le Compofiteur ni
pour l'Accompagnateur, ſi ce n'eſt que ce

dernier n'a pas befoin, pour les exécuter, de répéter fur le Clavecin, & encore moins fur l'Orgue, les Sons qui les forment : il lui fuffira de les faire fyncoper, à moins que l'accord qui les prépare n'eut été fur une note de longue durée, foit par fa valeur, foit par la lenteur du mouvement ; il peut alors, mais feulement fur le Clavecin, répéter l'accord par fuppofition qui forme cette fufpenfion.

A l'égard des fufpenfions de chant, le Compofiteur eft libre d'en faire à fon gré & telles qu'il le juge à propos ; mais ce qu'il pourroit faire de mieux encore, ce feroit de ne pas les défigner par des Chiffres. Les notes qui forment ces fufpenfions n'étant que de pur goût, & n'ayant rien de commun avec l'harmonie que doit faire entendre l'Accompagnateur, non feulement il eft inutile de vouloir les lui défigner par des Chiffres, mais on ne fait par là que l'embarraffer dans l'exécution. Il fe trouve fouvent dans l'impoffibilité de difcerner à tems fi certains Chiffres défignent un accord ou fimplement une fufpenfion de chant (43) ;

----

(43) La reffemblance de ces chiffres avec les fignes de quelques accords, ou pour mieux dire, l'identité des fignes dont on fe fert, foit pour exprimer cer-

la singularité même des Chiffres que ces sortes de suspensions éxigent quelquefois peut

---

taines suspensions, soit pour exprimer un accord, n'est pas seulement un inconvenient dans l'Accompagnement : ce procédé nuit plus qu'on ne pense aux progrès de l'Harmonie. Il est une source d'erreurs, de fausses applications, de contre-sens harmoniques pour ceux qui étudient les Ouvrages Chiffrés, & pour le Musicien même, s'il n'est d'ailleurs profond Harmoniste. C'est ce défaut qui perpétue plusieurs successions illégitimes d'harmonie, consacrées pour ainsi dire par cette foule de Compositeurs qui n'ont d'autre regle que l'exemple, & qui, trompés par les Chiffres, appliquent souvent à un accord ce qui ne doit s'entendre & ne peut être pratiqué que comme suspension de chant.

Il y auroit trop de réflexions à faire sur ce sujet : je me borne à indiquer ici deux cas, pour faire sentir au Lecteur combien de tournures impropres ou illégitimes d'harmonie l'identité des signes, affectés aux accords & aux suspensions, peut occasionner dans d'autres cas.

Par exemple, que peut conclurre de la suspension K, de l'Exemple II, celui qui ne connoît pas parfaitement toutes les successions fondamentales & légitimes des accords ? Les chiffres 6 & 4 ne présentent-ils pas le signe de la Sixte-quarte ? Or comment connoître que dans ce cas il n'est nullement question de l'accord de Sixte-quarte, si ce n'est en le concluant de l'illégitimité de succession qui resulteroit entre cet accord, supposé tel, & celui qui le précéde ? Et si l'on prend ces chiffres pour le signe

l'arrêter tout à coup. Il feroit à propos que les Compofiteurs obfervaffent une fois que

---

de la Sixte-quarte n'eft on pas en droit de conclurre qu'un accord de Septieme-diminuée peut être fuivi d'une autre tonique que la fienne, par une marche de Quinte en montant ? Et ne s'enfuit-il pas très-naturellement de cette erreur que l'*ut-dièfe*, dans le cas cité, peut être regardé comme la note fenfible du mode de *re* ou de celui de *fol*; que la dominante *la*, repréfentée par l'accord de l'*ut-dièfe*, peut être fuivie à volonté de la tonique *re* ou de la tonique *fol*? Et combien de tournures d'harmonie ces nouveaux principes ne fourniroient-ils pas, dans les divers traits de chant que produit le renverfement des accords ?

Voici l'autre cas. Si l'on prend la fufpenfion *H*, du même Exemple, pour une Neuvieme, dès lors le paffage *mi fa* au lieu de reprefenter, felon l'harmonie fondamentale, la Cadence-parfaite *ut fa*, reprefentera au contraire une Cadence-interrompue d'*ut* à *la*, & un paffage illégitime de *la*, Simple-dominante, à *fa*, Tonique. Je dis *illégitime* parcequ'une fimple-dominante ne peut dans aucun cas précéder une tonique, & que même la Dominante-tonique ne peut, en defcendant de tierce, être fuivie d'une tonique.

Mais le préjugé des *petites neuviemes* (Voyez *Section 4*, page 59) que le chiffre 9 ne fert qu'à perpetuer, ne doit-il être compté pour rien ? Car dans la fuppofition que ce chiffre défigne ici un accord de Neuvieme, on doit alors en retrancher la feptieme ; & cela pour certaines raifons qu'on en

dans l'Harmonie, & par conséquent dans l'Accompagnement qui en eſt l'éxécution, il n'eſt nullement queſtion de toutes les notes de goût dont ils peuvent embellir le fond de leurs productions : que comme il ſeroit ridicule d'exprimer par des Chiffres tous les *Ports-de-voix*, les *Coulés*, & autres notes d'agrément qu'on peut employer au devant des notes eſſentielles d'un Chant, c'eſt-à-dire, des notes qui portent harmonie, de même il n'eſt gueres moins ridicule de vouloir minutieuſement exprimer toutes les ſuspenſions de chant, d'autant que la plûpart ne

---

donne ordinairement, dont à la vérité on pourroit ſe diſpenſer, parce qu'elles ne ſont pas les véritables : il ne s'agit nullement, ni ici, ni dans tous les paſſages ſemblables, d'Accord de neuvieme ; la note qui forme cet Intervalle ne peut être regardée, dans ce cas, que comme une ſimple ſuspenſion de chant, comme une note de Mélodie.

Néanmoins ſi on vouloit abſolument trouver de l'harmonie dans ces ſortes de paſſages, il faut pour lors y ſuppoſer, non l'accord de Neuvieme, mais celui de Septieme-ſuperflue dont on a retranché la ſeptieme (Voyez *Sect.* 4, p. 68) & dont le ſigne, quoiqu'impropre eſt $\frac{5}{2}$, malgré que la pratique ne ſoit pas dans l'uſage d'employer cette ſorte de *retranchement* dans ce cas, & qu'elle ne le connoiſſe que dans des paſſages rétrogrades de celui-ci, comme feroit *fa mi* (au lieu de *mi fa*). Voyez le *Traité de l'Harmonie*, pag. 282 & 408.

font que comme le Coulé, l'*Appoggiatura* ou le Port-de-voix de la note qui les fuit.

Bien plus les Compofiteurs (je parle toujours pour la facilité de l'Accompagnement) pourroient encore ne pas même chiffrer les fufpenfions d'harmonie.

Si ces fortes de fufpenfions fe réduifent, comme je l'ai fait voir, à n'être que la continuation d'un accord précédent, une fimple *Barre*, tirée depuis le figne de cet accord ne feroit-elle pas tout ce qu'il faudroit pour cela ? Ne le pratique-t-on pas de même dans tous les cas où la Baffe, après avoir porté un accord, paffe fur des notes de cet accord ou fur des notes qui ne portent pas harmonie ?

Enfin dans les cas mêmes où il feroit néceffaire de faire répéter l'accord, on pourroit également fe difpenfer de défigner cet accord par fon Chiffre ; une double Barre fuffiroit pour exprimer la répétition d'un accord quelconque, & éviteroit à l'Accompagnateur la peine de chercher bien fouvent ce qu'il tient déja fous fes doigts.

Mais tout l'avantage ne feroit pas en cela pour l'Accompagnateur : le Compofiteur y trouveroit le fien (*), en ce que par ce

---

(*) Le Graveur même ou le Copifte y gagneroient du tems.

moyen l'accompagnement de ſes Ouvrages deviendroit plus ſur & moins ſujet à être mal éxécuté, ou à l'être contre ſon idée. Le vrai Harmoniſte pourroit d'ailleurs, par ces ſignes, ſe diſtinguer de la foule des Compoſiteurs d'oreille ou de routine, qui laute de connoître la *Baſſe-fondamentale* ne ſauroient aucunement faire uſage de ces ſortes de ſignes.

Au ſurplus on pourroit étendre l'uſage de la double Barre à d'autres cas : j'en indiquerai quelques-uns dans les dernieres meſures de l'Exemple que je vais donner ici pour rendre plus ſenſible tout ce que je propoſe. Il ne ſeroit même pas néceſſaire, dans les cas dont je veux parler, de prolonger les deux Barres, il ſuffiroit que l'une des deux le fut, comme on le verra dans l'Exemple ſuivant.

EXEMPLE.

EXEMPLE III.

Usage des Barres pour les Suspensions d'harmonie.

A. Continuation de la *Petite-sixte* de *si* formant sur *ut* une *Quinte-superflue*, indiquée au-dessous par son signe, mais que le Compositeur pourroit exprimer par une simple Barre depuis le signe de la *Sixte* sur *si*, comme on l'a fait dans l'Exemple.

C. Continuation de l'*Accord-sensible* de *mi*, formant sur *la* une *Septiéme* dite *superflue*, qu'on pourroit exprimer ou en continuant seulement la Barre de la mesure précédente, comme à *A*, ou par une double Barre si on veut faire répéter l'accord à l'Accompagnateur (44).

Usage de la double Barre pour d'autres cas.

I & L. La double Barre tient lieu de la *Sixte* qu'il faudroit chiffrer sur la premiere note de chacune de ces mesures : à *K* elle tient lieu de la *Septiéme-consonante* que porteroit le premier *si* de la mesure, & à *M* elle tient lieu de la *Petite-sixte* que porteroit *fa*.

Suspensions de chant non chiffrées.

B. Suspension où *fa*, dans le Dessus, tient lieu du *mi* qui le suit.

D. Ut & *fa-dièse* tenant lieu de *si* & de *sol-dièse* qui les suivent respectivement.

E , F. Sol-dièse & *si* qui dans leurs dernieres moitiés tiennent lieu de *la* & d'*ut* où ils devoient d'abord passer.

G. *Mi* tenant lieu du *re* qui le suit.

H. *Mi* & *ut* tenant lieu de *re* & de *si* qui les suivent.

---

(44) Les Compositeurs ne blameront pas sans doute, dans cette mesure, le *si* qui dans les deux chants n'aboutit point au *la*, non plus que le *sol-dièse* du chant inferieur ; ils observeront cependant

Les Chiffres qui répondroient aux fufpenfions de chant qu'on a vues dans cet
Exemple , feroient non feulement inutiles , mais , on peut dire , ridicules dans
certains endroits, comme à *B* , *D* & *E*.
Auffi voit-on la Baffe de cet Exemple porter
conftamment l'accord qu'elle doit porter,
fans égard à toutes ces notes étrangéres à
l'harmonie.

---

que l'un eft une neuvieme, & l'autre une feptieme
fuperflue. Une infinité de femblables cas, & des
raifons plus effentielles encore, m'ont déterminé à
défigner ces fortes de Diffonances par l'épithéte
d'Accidentelles, afin qu'on ne s'attachat pas toujours
à les faire defcendre pour les fauver, comme on
a eu grand foin de le recommander jufqu'à préfent.
Cette regle doit avoir lieu lorfqu'il s'agit des diffonances propres, mais non dans celles-ci qui, fi
l'on confulte la Baffe-fondamentale, font de vraies
confonances, auxquelles on peut toujours donner
la même marche qu'elles auroient dû ou pû tenir
fi la note qui leur répond dans la Baffe-continue,
au lieu d'être étrangere à l'accord fondamental,
d'être un Son par fuppofition, avoit été une de celles
qui entrent dans la conftruction de cet accord.

Au refte je ne prétends pas empêcher ceux qui
favent la Compofition, d'appliquer, dans ce cas,
& de fuivre fcrupuleufement les regles qu'on leur
a prefcrit pour les diffonances indiftinctement. Je ne
propofe mes idées, ici & par tout ailleurs, qu'à ceux
qui ne font pas affez inftruits pour avoir des fcrupu-
les, & à ceux qui le font affez pour en être guéris.

On aura pu remarquer , dans les trois Exemples, que la plûpart des suspensions de chant pourroient être traitées comme suspensions d'harmonie , ainsi que plusieurs de celles-ci pourroient l'être comme suspensions de chant : tout cela dépend de l'idée du Compositeur, de l'effet qu'il a en vue , des formes particulieres du chant qu'il a à traiter , ou quelquefois même du plus ou du moins de connoissances qu'il a de l'Harmonie ; car ceux qui ne sont pas trop versés dans cette science, abondent en suspensions de chant, qu'ils employent, comme je l'ai dit au commencement de ce Chapitre, pour rompre la monotonie des accords Consonans, & pour offrir, en quelque façon, l'image de la vraie harmonie qu'ils ignorent. Enfin l'emploi des Suspensions , en général, dépend souvent de la succession que comporte l'Harmonie. Cette succession oblige le Compositeur à traiter tantôt comme suspensions d'harmonie certaines notes d'un Chant, tantôt à ne les regarder que comme notes de goût, comme suspensions de chant, lorsqu'il ne peut les faire entrer dans le groupe d'un accord (45).

---

(45) L'idée de *suspension*, l'importance même qu'on a attachée à cette idée est encore un reste de la routine. Par exemple, du tems de la *Régle de l'Octave*, on avoit tellement conçu, comme fixés invariable-

ment à chaque degré les accords que cette Regle prescrit, que lorsqu'on faisoit quelqu'autre accord, on pensoit qu'il falloit, pour ainsi dire, se presser de faire à sa suite celui que dictoit cette prudente Régle. Faisoit-on une Neuviéme sur la Quatriéme-note ? La Grande-sixte devoit se présenter d'abord après. Faisoit-on une Septiéme sur la Seconde-note ? La Petite-sixte ne manquoit pas de la suivre : aussi pratiquoit-on bien rarement la Onziéme sur cette Seconde-note, parce que par la succession même la plus favorable, & qui étoit la plus connue (celle de quinte), la Petite-sixte auroit été trop retardée par la Septiéme qui auroit dû la précéder. De même si l'on hazardoit une Grande-sixte sur la Quatriéme-note en descendant, il falloit que le Triton ne fut pas longtems à paroître. Quoique ce dernier cas ne fut pas regardé proprement comme une Suspension, il tenoit cependant toujours à l'idée que tout accord, autre que celui de la Régle de l'Octave, n'étoit dans le fond qu'un retardement, une SUSPENSION de celui qu'on croyoit indispensable. Divers Ouvrages que nous avons, tant sur l'Accompagnement que sur la Composition, ne font que renchérir, mais sérieusement, sur tout ce que je dis ici.

Quel dommage que l'Harmonie ait fait des progrès ! Il étoit si facile de composer, même d'accompagner juste, je veux dire, de deviner, par la Regle de l'Oc-tave, l'accord que le Compositeur avoit en vûe, soit qu'il n'eut point chiffré sa Basse, ou qu'elle le fut mal ; soit qu'il eut pratiqué une suspension, ou qu'il eut employé tout de suite l'accord exigé par cette Régle ! Mais la révolution arrivée en Harmonie est heureusement ignorée de plusieurs personnes. On n'entend parler encore que d'accompagner sans chiff-

fres; on ne ceſſe même de nous donner des Métho-
des pour remplir cet objet, perpetuellement fondées ſur la Régle de l'Octave, car c'en eſt toujours
là tout le ſecret.

Un homme d'eſprit vient enfin d'en trouver un
autre. Le voici tel qu'il l'a généreuſement donné
au Public dans une petite Brochure qui a pour titre,
*Méthode ou Principes pour enſeigner & apprendre faci-
lement l'Accompagnement du Clavecin, ou l'Harmonie.
Par M. B. Organiſte de la Métropole de Tours.*

» Pour accompagner ſans chiffres, *dit notre Orga-*
» *niſte, page 16*, il faut prendre des Baſſes-continues
» qui ne le ſoient point (*), les chiffrer ſelon l'ac-
» cord qui convient ſur chaque Note du ton, & re-
» marquer les marches de Baſſe-continue comme il
» a été dit ci-deſſus.

Cet *accord qui convient* ſur chaque note du Ton,
n'eſt, à la vérité, que le même que fournit directe-
ment à l'Accompagnateur la Régle de l'Octave, &
qui eſt auſſi celle de l'Auteur, mais il y a dans ſon
opération un peu plus de cérémonie. D'ailleurs, aux
accords preſcrits par la Régle de l'Octave, il en ajoûte quelques autres qu'il fait dépendre de certaines
marches de Baſſe-continue : ce ſont là *les marches* qu'il
recommande de *remarquer* pour chiffrer ces Baſſes que
l'on doit accompagner *SANS CHIFFRES*.

Quoique cet habile Praticien (**) ait rendu comme immuables, en tant qu'il étoit en lui, les accords

---

(*) L'Auteur veut dire, *qui ne ſoient point chiffrées*; car ces
Baſſes doivent être des Baſſes, & de plus, être ſans chiffres.

(**) M B. ſeroit peut être fâché du titre de *Muſicien*, puiſque
la Muſique eſt compoſée de Théorie & de Pratique, & que par
la maniere dont il employe, dans ſon *Avant-propos*, les ter-

qu'il fait dépendre de ses marches de Basse-continue, car il avoit dit à ce sujet, page 15, *Si les passages ci-dessus marqués, ne sont pas chiffrés ainsi, il ne faut pas y prendre garde, & les accompagner, comme il est dit ci-dessus,* cependant il paroît se méfier un peu de son secret, par tout ce qu'il ajoûte dans la même page où il le donne (page 16). La nature perce quelquefois à travers les plus forts préjugés : c'est une espérance pour tous les *Octavistes.*

---

mes de *calcul mathématique* & de *mathématiciens*, il paroît qu'il a la Théorie & les Théoriciens en horreur. M. B. croit-il donc, par le ton qu'il prend, être au siécle & dans le Pays du célébre & malheureux Galilée ?

Mais ce qui peut justifier la façon de penser de M. B. c'est que, d'un autre côté, il regarde ce qu'il appellé *calcul mathématique*, c'est à-dire l'expression numérique des sons; dont on se sert en Théorie, comme une affaire de mode (*Avant-propos* pag. 3). Il ignore sans doute les écrits immenses des Anciens & des Modernes sur cette matiere ; ou bien il n'a pas fait attention, s'il a lû les Ouvrages de nos contemporains, à la plûpart des termes de théorie, tous grecs d'origine. Les noms mêmes de certains intervalles qu'on ne peut bien apprécier que par ce *calcul mathématique,* n'ont pas une autre origine ; ce qui prouve, du moins indirectement, que l'usage de l'expression numérique des sons n'est certainement pas une mode bien récente. Enfin parmi les *comma*, que doit au moins connoître M. B. il en est un qu'il sait bien qu'on appelle *de Pythagore,* cela seul, malgré son aversion pour les Mathématiciens, auroit dû, ce semble, lui faire conjecturer que l'étude de la Théorie de la Musique remonte à des tems très-réculés. D'ailleurs cette *mode* nous est commune avec les Chinois, puisqu'ils ne tirent l'un de leurs systêmes musicaux (l'un de leurs *Lus,* ou Gammes,) que de la Progression triple, qu'ils prennent de deux en deux termes pour en former une suite de tons majeurs, dans la proportion de 1, 9, 81, 729 .... Mais nous voilà dans la Théorie, j'en demande pardon à M. B.

AUX ACCOMPAGNATEURS.

JE dois avertir ici l'Accompagnateur que les Suspensions les plus connues & les plus pratiquées, soit qu'on les regarde comme suspensions de chant, ou comme suspensions d'harmonie, se réduisent à deux : celle qu'on appelle Suspension de quarte, désignée par 4, & celle qu'on appelle Suspension de neuviéme & qui se désigne par 9 (46). La lettre *E*, dans l'Exemple I, page 97, présente la premiere de ces suspensions, & la lettre *H*, de l'Exemple II, même page, présente la seconde.

Lorsque l'une ou l'autre de ces suspensions se trouve sur une note qui peut être réputée Note-principale (Voy. *Introd.* p. 28),

---

(46) Je dis *qu'on appelle*, parce qu'il me paroît bien difficile, en adoptant ces expressions, de faire entendre à quelqu'un qui ne sauroit pas d'avance ce qu'on veut lui dire, que la *Suspension de neuviéme* est un retardement, une suspension de l'OCTAVE : que la *Suspension de quarte* est une suspension de la TIERCE.

ce qui se reconnoîtra par la suspension même, qui, dans ce cas, n'est que la continuation d'un accord sensible ou de l'un de ses dérivés, l'Accompagnateur peut alors regarder l'une & l'autre suspension comme une vraie Septiéme-superflue (Voyez le dernier Alinea de la *Note* 43 , pag. 102). Il peut même, selon ce que j'ai dit à la page 62 de la Premiere Partie, ne faire à cet accord aucune sorte de retranchement.

Si au contraire ces suspensions ne sont pas sur des notes qui puissent être regardées comme Notes-principales, par la raison que ces notes n'auroient pas été précédées de l'Accord-sensible, ni d'aucun de ses dérivés : dans ce cas l'Accompagnateur doit ne traiter les suspensions dont il s'agit que comme notes de goût, comme simples suspensions de chant, & faire à leur place l'accord qui les suit immédiatement, qui, dans la maniere de ceux qui employent fréquemment ces deux Suspensions, n'est presque jamais autre chose que l'ACCORD-PARFAIT, désigné par un 8 après le 9, & par un 3 après le 4. Ces sortes d'Harmonistes vont rarement plus loin.

A l'égard des autres suspensions de chant, dès que les chiffres qui les indiquent ne présentent point un accord connu, tels que seroient

roient les chiffres $\frac{9}{6}$, $\frac{4}{2}$, $\frac{7}{6}$, &c, l'Accompagnateur peut également ne faire à leur place que l'accord qui les suit immédiatement ; inutilement chercheroit-il de l'harmonie où il n'y en a point. Il doit même être prévenu que dans les Ouvrages de ceux qui ne connoiſſent pas les Principes de l'Harmonie, on trouve fréquemment, au lieu d'accords, des ſimples Suſpenſions de chant, (Voyez ce que j'ai dit à ce ſujet, pag. 107): ſuſpenſions dont la plûpart ne ſont pas même ſuſceptibles d'une ſucceſſion réguliere d'harmonie.

L'Accompagnateur pourra reconnoître facilement ces ſortes d'Ouvrages à la diſette d'accords diſſonans connus, & à la fréquence des 9 ſuivis de 8, & des 4 ſuivis de 3. S'il ſe détermine à les Accompagner : beaucoup d'Accords-parfaits, encore plus de Sixtes, quelques Sixtes-quartes, quelques Tritons, par fois quelques Secondes, & dans des ſuites de pluſieurs Sixtes, très-fréquentes dans ces Ouvrages, deux doigts ſeulement de la main droite, faiſant la tierce & la ſixte contre la Baſſe & marchant comme elle (ainſi que le pratiquent encore les Etrangers qui ne connoiſſent pas une autre harmonie, & que ceux qui n'en connoiſſent aucune applaudiſſent beaucoup), voilà preſque tout ce qu'il lui faut employer pour ces ouvrages de routine.   H

Quant aux Ouvrages d'harmonie, ceux qui étudient l'Accompagnement suivant les Principes de M. Rameau, c'est-à-dire, en exécutant à quatre sons de la main droite tous les accords diſſonnans, trouveront dans la Planche, p. 116, une Méthode pour accompagner ſur les Chiffres en uſage. Je dis *ſur les Chiffres*, car ceux à qui on a appris quel accord doit porter chaque note du ton (Voyez *Note* 9, p. 35), ne ſauroient avoir beſoin, pour accompagner à leur maniere, ni de Signes, ni d'aucune ſorte de méthode dépendante des Signes. Cependant s'ils ont quelque peine à trouver leurs accords ſur le Clavier, ils peuvent ſe ſervir de cette Méthode : pour cet effet ils n'ont qu'à conſulter, au lieu de la Colonne des Signes, celle qui porte les noms des Accords.

A l'égard de ceux qui accompagnent ſelon l'ancienne maniere, c'est-à-dire, à trois doigts de la main droite, ſi pour acquérir l'habitude de trouver promptement les accords, ils veulent s'épargner une grande partie du tems qu'ils perdent à chercher chaque accord Dérivé par les intervalles qui le compoſent, ils n'ont qu'à ſe ſervir de la même Méthode, en obſervant ſeulement, à l'égard des accords diſſonans, de retrancher toujours, dans la main droite, l'octave de la note qu'ils touchent à la Baſſe.

Je pense que cette Méthode n'a pas besoin d'autre explication que celle que présentent les Titres de chaque colonne : cependant si l'on y trouvoit quelque difficulté, on n'a qu'à lire le développement qui
suit.

Par exemple, pour exécuter sur une note
de Basse l'accord désigné par $\frac{6}{4}$ dans la colonne des Signes, Art. 2 de cette Métho-
de, & appellé *Sixte-quarte* dans la deuxiéme
colonne, on trouvera, en suivant toujours
la même ligne, qu'il faut toucher de la main
droite l'*Accord-parfait de la quarte* de cette
note, comme l'indiquent les Titres des deux
dernieres colonnes. Ainsi si cette note est *ut*,
la Quarte d'*ut* étant *fa*, ce sera donc l'accord-parfait de *Fa* qu'il faudra toucher de
la main droite, c'est-à-dire, les notes *fa*
la ut, selon le premier Article de cette
Méthode.

De même pour exécuter un accord de
sixte sur *ut*, puisque, selon la Méthode, il
faut toucher l'Accord-parfait de la sixte de
la note proposée, c'est donc l'Accord-parfait
de *La* qu'il faut toucher, pour former cet accord de *sixte* sur *ut*. Il en est de même des
autres accords dérivés, pour l'exécution
desquels il suffit de toucher l'accord énoncé dans la troisiéme colonne de l'Article
second, en prenant cet accord à l'intervalle

prescrit par la derniere colonne du même article.

Il n'est pas nécessaire sans doute de faire observer ici à l'Accompagnateur que l'accord qu'il touche de la main droite, se prend indifféremment par l'une des notes qui le composent ; que par conséquent les accords dissonans ont quatre *Faces*, tandis que les consonnans n'en ont que trois ; que pour un premier accord c'est l'occurrence, le ton qu'on a à jouer, le plus ou le moins d'étendue de la Basse, &c, &c, qui décident pour l'une ou l'autre de ces faces, mais que c'est la marche propre à chaque son d'un accord, qui détermine invariablement, POUR L'ACCORD SUIVANT, la Face par laquelle on doit le prendre ? Ce ne sont là que de premieres notions, & bien que quelques virtuoses paroissent ignorer totalement la marche dont je parle, par le peu d'ordre qu'on leur voit mettre entre la face d'un accord & celle de celui dont il est précédé, je ne dois pas moins supposer ces premieres notions dans tout Eleve qui voudra faire usage de ma Méthode, ne lui eut on fait faire encore que deux accords consécutifs.

Fin de la premiere Partie.

MÉTHODE D'ACCOMPAGNEMENT.
ARTICLE PREMIER.
Accords fondamentaux.

Signes des Accords.	Noms des Accords représentés par les Signes précédents.	Intervalles qui composent les Accords fondamentaux, & qu'il faut toucher de la main droite.
3, ou 8, &c.	Accord-parfait, - - -	Tierce, Quinte & Octave. *La Tierce de cet Accord se prend, ou majeure ou mineure, selon les Dièses ou les Bémols placés à la Clef ou parmi les Chiffres.*
7 / ※	Accord-sensible, - - -	Tierce majeure, Quinte, Septiéme mineure & Octave.
7	Simple-septiéme, - - -	Tierce, Quinte, Septiéme & Octave. *Ces Intervalles se prennent tels que les donnent les Dièses ou les Bémols placés à la Clef ou parmi les Chiffres.*
7 (dim.)	Septiéme-diminuée, - - -	Tierce mineure, Quinte diminuée, Septiéme diminuée & Octave.
7 / 5 / ※	Accord-sensible avec fausse quinte,	Tierce majeure, Quinte diminuée, Septiéme mineure & Octave.

ARTICLE SECOND.
Accords dérivés des fondamentaux, & qui s'exécutent par les fondamentaux mêmes.

Signes	Noms des Accords dérivés.	Accords fondamentaux qu'il faut toucher de la main droite.		Intervalles relatifs à la Note de Basse-continue.
6/4	Sixte-quarte,	L'Accord-parfait	de la	4.te de la Basse.
6	Sixte,	L'Accord-parfait	de la	6.te
4+	Triton,	L'Accord-sensible	de la	2.de majeure.
×5	Quinte-superflue;	L'Accord-sensible	de la	3.ce majeure.
×6	Sixte-sensible,	L'Accord-sensible	de la	4.te
×7	Septiéme-superflue;	L'Accord-sensible	de la	5.te
5 (barré)	Fausse-quinte,	L'Accord-sensible	de la	6.te mineure.
2	Seconde,	La Simple-septiéme	de la	2.de
6	Petite-sixte;	La Simple-septiéme	de la	4.te
9/4	Onziéme,	La Simple-septiéme	de la	5.te
7/4	Onziéme, sans neuviéme;	La Simple-septiéme	de la	5.te
6/5	Grande-sixte,	La Simple-septiéme	de la	6.te
9	Neuviéme,	La Simple-septiéme ou l'Accord-sensible de la		3.ce
5/2	Onziéme, sans septiéme;	La Simple-septiéme ou l'Accord-sensible de la		5.te
4	Onziéme, sans septiéme ni neuviéme,	La Simple-septiéme ou l'Accord-sensible de la		5.te
×2	Seconde-superflue, - - -	La Septiéme-diminuée	de la	2.de superflue.
b9 / ※	Neuviéme mineure avec tierce majeure,	La Septiéme-diminuée	de la	3.ce majeure.
×4/3	Triton avec tierce mineure,	La Septiéme-diminuée	de la	4.te superflue.
×5/4	Quinte-superflue avec quarte;	La Septiéme-diminuée	de la	5.te superflue.
×6/5 (barré)	Sixte-sensible avec fausse quinte,	La Septiéme-diminuée	de la	6.te majeure.
×7/6	Septiéme-superflue avec sixte mineure,	La Septiéme-diminuée	de la	7.me majeure.
b6/4+	Triton avec sixte mineure,	L'Accord-sensible avec fausse-quinte de la		2.de majeure.
※6	Sixte-superflue, - - -	L'Accord-sensible avec fausse-quinte de la		4.te superflue.
5/b (barré)	Fausse-quinte avec tierce diminuée,	L'Accord-sensible avec fausse-quinte de la		6.te mineure.

9 · 8	Suspension de Neuviéme, composée de tierce, quinte & neuviéme.
4 - 3	Suspension de Quarte, composée de quarte, quinte & octave.

Nota. Ces deux Suspensions n'étant qu'un retardement, l'une de l'Octave, l'autre de la Tierce, de l'Accord-parfait qui les suit, l'Accompagnateur peut, à leur place, & lorsque la Note qui les porte n'est pas d'une certaine durée, faire entendre l'Accord-parfait qu'elles suspendent.

Traité des Accords, Page 116.

TABLE ALPHABETIQUE DES ACCORDS
contenus dans la premiere Partie.

Q

Quarte, voyez *Onzième*, *sans septiéme ni neuviéme* (61).

S

T

Fin de la Table des Accords.

TRAITÉ
DES ACCORDS,
ET DE LEUR SUCCESSION.

SECONDE PARTIE.

De la Succeſſion des Accords.

Uisqu'il n'y a dans l'harmonie que deux ſortes d'accords, les Conſonans & les Diſſonans, on ne peut par conſéquent les faire ſuccéder les uns aux autres que de deux manieres : 1° en paſſant d'un accord conſonant à un autre, ou à un diſſonant ; 2° en paſſant d'un accord diſſonant à un autre diſſonant, ou à un conſonant. J'appellerai la premiere maniere *Tranſition* ; quant à la ſeconde elle renferme les *Cadences*, les *Imitations de cadences* & les *Cadences évitées.*

H iiij

Je divise cette seconde Partie en cinq Chapitres ; le premier traitera de ce qui regarde la modulation (ses régles, ses moyens), d'autant qu'elle peut être employée dans les deux manieres de faire succéder les accords. Je traiterai de la premiere sorte de succession, c'est-à-dire, des Transitions dans le Chapitre second ; dans le troisiéme j'y parlerai des Cadences, de leurs Imitations & des Cadences évitées ; enfin le quatriéme Chapitre roulera sur l'emploi de l'accord de *Septieme - diminuée*, & sur les *Transitions Enharmoniques*. Le cinquiéme Chapitre ne s'adresse qu'à ceux qui ont lû le Chapitre troisiéme de la premiere Partie.

Comme tous les accords Dérivés sont sousentendus dans les fondamentaux qui les produisent, je réduis toute succession d'accords à celle des seuls fondamentaux. De plus ces mêmes accords fondamentaux donnant un caractère particulier aux notes qui les portent, c'est-à-dire, les rendant ou Toniques, ou Dominantes, ou Soûdominantes, &c, ce sera toujours sous les noms de ces notes de caractère que je parlerai.

Il est visible que les Régles qui regardent ou ces notes ou les accords qu'elles portent, sont comme autant de Principes généraux, comme des Régles primitives & fondamentales, d'où découlent toutes les

Régles particulieres qui peuvent s'appliquer aux accords dérivés ; Régles que ceux qui connoîtront les accords de la maniere dont je les ai préfentés dans la premiere Partie de cet Ouvrage, pourront déduire facilement (47). On peut voir ce que j'ai dit à ce fujet, dans la Note *e* de la Préface.

____

(47) Ceux qui par le moyen que je fuppofe ne trouveront pas d'eux-mêmes toutes les Régles particulieres qui dérivent des fondamentales, ne feroient pas plus avancés quand j'entrerois ici dans le détail que ces régles particulieres exigeroient ; détail qui feroit d'ailleurs hors de mon objet, puifque cela regarde particulierement ce qu'on appelle *la Compofition*.

Je n'ai eu en vue dans cet Ouvrage que de donner des Principes fondamentaux à ceux qui étudient l'Harmonie, pour leur fervir de préfervatif, ou même de défenfe, contre les fauffetés qu'on pourroit leur débiter ou leur foutenir. Ils verront, par exemple, par l'application de ces Principes, que les accords prefcrits par la Régle de l'Octave (Régle qu'ils auront peut-être quelquefois à combattre, puifqu'elle eft encore l'unique pour bien de gens), ils verront, dis-je, que ces accords ne font fondés que fur des cas particuliers, repréfentant telle ou telle harmonie donnée, fouvent bonne, quelquefois mauvaife ; que par conféquent cette Régle n'étant jamais, qu'on me permette de le dire, que la même chanfon harmonique, & d'une harmonie qui n'eft pas toujours exacte, elle ne peut qu'être un

CHAPITRE PREMIER.

De la Modulation.

ON appelle *Modulation* le Paſſage d'un Mode, ou Ton, à un autre. Les modes ſe diſtinguent, pour cet objet, en Principal, & en Rélatifs.

Le Mode principal eſt celui, en particulier, par lequel on commence & l'on finit une Piece de Muſique, mais il faut ici entendre en général, ſous ce nom, tout Mode duquel on veut partir pour paſſer à d'autres.

Les modes Rélatifs ſont ceux qui par leur affinité peuvent ſuccéder le plus naturellement à tout Principal donné.

---

modéle borné & défectueux pour le Compoſiteur, & un guide trompeur ou inſuffiſant pour l'Accompagnateur, lorſqu'il a à exécuter de la muſique dont l'harmonie & la modulation font le principal caractère. Quant aux préceptes de ceux qui n'en ſont pas même encore à la Régle de l'Octave (les faiſeurs de ſixtes), on ſent bien de quelle conſéquence il ſeroit de les écouter, à moins que ce ne fut pour ſe raffermir dans les Principes de l'harmonie ſi on les poſſéde bien une fois ; moyen que mon expérience m'a appris n'être pas à négliger, & que je n'employe jamais infructueuſement.

Je vais réduire à deux *Régles* tout ce qu'il y a à obferver à l'égard de cette fucceffion, & à deux *Moyens* les différentes manieres d'enchaîner entr'eux des modes qui ne feroient pas immédiatement rélatifs, ou qui feroient fort oppofés.

REGLES DE MODULATION.

Premiere Régle.

Un mode Principal a pour rélatifs ceux de fes deux Quintes (*l'une prife au-deffus, l'autre au-deffous*), & celui de fa tierce au-deffous, s'il eft majeur, ou de fa tierce au-deffus s'il eft mineur.

Seconde Régle.

Les modes rélatifs à la quinte doivent être du même genre que leur principal (*c'eft-à-dire, ou majeurs ou mineurs comme lui*) : le mode rélatif à la tierce doit être d'un genre oppofé à celui de fon Principal (*c'eft-à-dire, mineur, fi fon principal étoit majeur, & majeur, fi fon principal étoit mineur*).

MOYENS DE MODULATION.

Premier Moyen.

Lorfque d'un mode principal on eft arrivé à l'un de ses rélatifs, il faut regarder celui-ci comme un nouveau Principal, & y appliquer les deux Régles précédentes, soit que l'on veuille passer à d'autres modes, soit que l'on veuille revenir au premier principal.

Deuxiéme Moyen.

En regardant successivement comme modes principaux les rélatifs de chaque mode rélatif, pris déja lui-même pour principal, & en appliquant toujours les deux Régles précédentes, on pourra pousser la modulation aussi loin qu'on le voudra, ou revenir, du mode le plus écarté, au premier principal donné.

Ce second Moyen n'est, comme on voit, que comme le Corollaire du premier.

Voici des Exemples en faveur de ceux qui pourroient en avoir besoin.

EXEMPLE POUR LE MODE MAJEUR.

Développement des deux Régles précédentes.

Du mode majeur d'*ut* on peut passer, 1° à celui de *sol* ; 2° à celui de *fa* ; 3° à celui de *la* (I. Régle): les modes de *sol* & de *fa* seront majeurs, & celui de *la* sera mineur (II. Régle).

Développement du premier Moyen.

1º. Si d'*ut* l'on a passé à *sol* majeur, on pourra de ce dernier mode, passer à *re*, ou revenir à *ut*, ou passer à *mi* (I. Régle) : les modes de *re* & d'*ut* feront majeurs, & celui de *mi* fera mineur (II. Régle).

2º. Si l'on a passé à *fa* majeur, on pourra revenir à *ut*, ou passer à *si-bémol*, ou à *re* (I. Régle) : les modes d'*ut* & de *si-bémol* feront majeurs, & celui de *re* fera mineur (II. Régle).

3º. Si l'on a passé à *la* mineur, on pourra passer à *mi* ou à *re*, ou revenir à *ut* (I. Régle) : les modes de *mi* & de *re* feront mineurs, & celui d'*ut* fera majeur (II. Régle).

En appliquant les mêmes Régles à chacun des modes énoncés dans ce développement, le Lecteur pourra se faire un exemple pour le second moyen, dont le développement feroit trop long ici ; j'aime mieux, á sa place, donner l'Exemple suivant.

EXEMPLE POUR LE MODE MINEUR.

Développement des mêmes Régles & du même Moyen pour le Mode mineur.

Du mode mineur de *re* on peut passer, 1º à *la* ; 2º à *sol* ; 3º à *fa* (I. Régle) : les modes de *la* & de *sol* feront mineurs, & celui de *fa* fera majeur (II. Régle).

*

1°. Si l'on a passé à *la* mineur, on pourra passer à *mi*, ou revenir à *re*, ou passer à *ut* (I. Régle) : les modes de *mi* & de *re* seront mineurs , & celui d'*ut* sera majeur (II. Régle).

2°. Si l'on a passé à *sol* mineur, on pourra revenir à *re*, ou passer à *ut*, ou à *si-bémol* (I. Régle) : les modes de *re* & d'*ut* seront mineurs , & celui de *si-bemol* sera majeur (II. Régle).

3°. Si l'on a passé à *fa* majeur, on pourra passer à *ut*, ou à *si-bémol*, ou revenir à *re* (I. Régle) : les modes d'*ut* & de *si-bémol* feront majeurs , & celui de *re* sera mineur, II. Régle, (48).

***

(48) Voilà la marche que fournit l'harmonie pour l'entrelassement des modes : il y auroit à cet égard d'autres rapports à considérer , soit qu'on les envisageât comme moyens de modulation , soit qu'on les regardât comme principes ; tels sont la réminiscence d'un mode , la corrélation de divers modes à l'égard d'un principal commun , la communauté des sons entre différentes Toniques , &c ; moyens dont le Compositeur peut faire usage avec succès.

Par exemple , lorsque du mode majeur d'*ut*, entendu d'abord comme principal , on a passé ensuite au mineur de *mi*, on peut alors de ce dernier mode revenir tout d'un coup à celui d'*ut*, sans employer aucun des modes rélatifs communs qui y raméneroient plus naturellement. Ce passage subit ou , pour mieux dire , ce retour à *ut* est autorisé , en premier

CHAPITRE II.

Des Transitions.

PAr *Transition* j'entends, comme je l'ai dit au commencement de cette seconde Partie, le passage d'un accord consonant à un autre ou à un dissonant. Cet objet renferme quatre cas, dont voici les Régles.

---

lieu, par le principe de la réminiscence : car *ut* qui a paru dans ce cas comme principal, se conservant, pour ainsi dire, des droits sur l'oreille, ne lui paroît plus étranger. Mais il le paroîtroit, & le seroit en effet, si le mode de *mi* ayant été entendu le premier, & comme principal, on vouloit passer subitement de ce mode à celui d'*ut*. En second lieu, si du mode d'*ut* principal on est arrivé à celui de *mi*, en passant par le mode de *la*, pour lors le retour à *ut* est encore plus naturel, puisque les deux modes d'*ut* & de *mi* sont corrélatifs de *la* : c'est sur ce même principe qu'est fondé le passage du mode de *sol* à celui de *fa* (soit en majeur, soit en mineur), lorsque le mode d'*ut* a été le principal, puisque *sol* & *fa* sont l'un & l'autre rélatifs d'*ut*. Par la même raison on peut faire succéder les trois modes diatoniques *sol*, *fa* & *mi-bémol*, si celui d'*ut* mineur les a précédés comme Principal ; car ces modes sont ses trois Rélatifs, & cette maniere de moduler ne peut sur-

On obſervera que la premiere de ces Régles, ne regardant purement qu'une ſuccef-
ſion de diverſes toniques, ſans deſſein de
modulation, il faut, lorſqu'on veut moduler,
conſulter pour cela les Régles énoncées dans
le Chapitre précédent.

PREMIERE REGLE.

*Du Paſſage d'une Tonique à une autre, hors le cas
de modulation.*

L'on peut paſſer d'une Tonique à une
autre, pourvû que celle-ci porte dans ſon
accord quelqu'un des ſons qui ont été en-
tendus dans celui de la tonique que l'on
quitte ; ce qui n'aura lieu que dans une marche conſonante, c'eſt-à-dire, lorſqu'on paſſera d'une tonique à l'autre par les intervalles de tierce, de quarte, de quinte ou de
ſixte ; j'aurois pu dire, *de tierce & de quarte,
tant en montant qu'en deſcendant* (Voyez
l'Exemple des *Synonymes*, pag. 21 de l'*Introduction*).

---

prendre que ceux qui n'ont aucune teinture du rapport des modulations. Enfin le retour de *mi à ut*
peut être autoriſé par le ſeul Principe de la communauté des ſons entre ces deux toniques, puiſque les
ſons *mi & ſol*, dans l'une & dans l'autre, font partie
de leurs accords-parfaits. Mais je dois me ſouvenir
que je ne traite pas ici de la Compoſition.

REMARQUE.

REMARQUE.

Cette Régle exclut toute fucceffion de Toniques, ou, fi l'on veut, d'accords-parfaits par degrés conjoints. Quoique cette forte d'harmonie puiffe être tolerée à certains égards, & avec certaines précautions qui peuvent la juftifier, il vaut mieux l'abandonner à ceux qui n'ayant aucune connoiffance des Principes de l'harmonie moderne, ne peuvent profiter de tous les moyens qu'elle fournit, pour fe paffer d'une pareille fucceffion (49).

On devroit même ufer fobrement de celle de plufieurs toniques par des intervalles confonans. La vraie harmonie ne confiftant pas dans une fuite de toniques, il fera plus à

---

(49) C'étoit l'harmonie du quinziéme fiécle, où l'on n'avoit que des accords-parfaits à employer, foit que la Baffe marchat par des intervalles, ou par des degrés conjoints. Quelques Auteurs tâchent de perpétuer cette forte d'harmonie par des enfilades de fixtes (images de l'accord-parfait) fur des notes en degrés conjoints. Je voudrois pouvoir comprendre ce que fignifient, dans une Baffe fondamentale, des notes qui ont toutes un caractère de toniques, & dans le ton defquelles on n'eft cependant point, pour obliger mon oreille à s'accoûtumer à cette infipidité d'harmonie.

I

SUCCESSION

propos de décider la modulation, en donnant un caractère différent à chaque note, c'est-à-dire, en rendant l'une Dominante ou Soû-dominante de celle qu'on veut regarder comme Tonique, lorsque leur marche le permet, ou bien en rendant Simples-dominantes les unes ou les autres de ces notes, lorsque cela est possible. Pour cet effet il faut employer les diverses successions fournies soit par les Régles de ce Chapitre, soit par celles que je donnerai dans les Chapitres suivans, où j'ai porté ces successions, guidé par les principes que j'ai adoptés, bien au-delà de ce que l'usage ou la pratique connoissent, mais que, d'un autre côté, je n'ai pas voulu suivre dans leurs écarts, non-obstant la multitude de faits qui semblent les autoriser, & qu'on pourroit même m'opposer, si au lieu de juger des productions de certains Auteurs par les Principes, on jugeoit au contraire des Principes par ces productions.

SECONDE REGLE.

Du passage d'une Tonique à une Dominante-tonique.

L'on peut passer d'une tonique à sa dominante; ou bien à une nouvelle dominante soit en rendant Dominante la tonique elle-

même, soit en y arrivant par toutes sortes
d'intervalles, pourvû, 1° qu'on obferve,
dans ce dernier cas, le rapport des modulations, 2° ou que la note qui doit former
la feptiéme dans l'accord de la nouvelle dominante, ait été entendue comme quinte
ou comme tierce mineure de la tonique que
l'on quitte, fi le mode auquel on arrive n'eft
pas immédiatement rélatif à cette tonique.

TROISIEME REGLE.

Du paffage d'une Tonique à une Soûdominante.

L'on peut paffer d'une tonique à fa foûdominante ; ou bien à une nouvelle foûdominante, foit en rendant Soûdominante
la tonique elle-même, foit en arrivant à
la nouvelle foûdominante par des intervalles confonans. L'on aura égard de plus,
pour ce dernier cas, au rapport des modulations.

QUATRIEME REGLE.

*Du paffage d'une Tonique à une Simple-do-
minante.*

L'on peut paffer d'une tonique à une fimple-dominante, pourvu que la note qui doit

faire diſſonance, dans l'accord de cette dominante, ait été entendue comme conſonance, dans l'accord de la tonique que l'on
quitte : c'eſt ce qu'on appelle *préparer la
diſſonance*. Cette préparation n'aura lieu que
lorſqu'on paſſera à une ſimple-dominante par
les intervalles de tierce, de quinte & de ſeptiéme, en deſcendant, ou leurs ſynonymes
(Voyez l'*Introduction* page 21).

CHAPITRE III.

Du paſſage d'un accord Diſſonant à un Conſonant, ou à un autre diſſonant.

LE premier chef de ce Titre renferme
les Cadences ; le ſecond comprend les
Imitations de cadences, & les Cadences
évitées.

Je diviſerai ce Chapitre en quatre Sections ; la premiere roulera ſur les Cadences,
la ſeconde ſur leurs Imitations, la troiſiéme
ſur les Cadences-évitées ; je parlerai, dans
la derniere, de la maniere de ſuſpendre les
Imitations, ou d'éviter l'imitation de cadence-interrompue.

Au reſte on doit ſe ſouvenir, particulierement dans ce Chapitre, qu'on peut toujours

fous-entendre le fynonyme de chaque intervalle, de quelque maniere que cet intervalle foit énoncé, felon l'exemple que j'en
ai donné dans l'*Introduction*, pag. 21, & qu'il
faut toujours avoir préfent à l'efprit.

SECTION PREMIERE.

Des Cadences, ou, de la marche prefcrite aux Dominantes-toniques, & aux Soûdominantes.

Une dominante-tonique doit defcendre
de quinte, ou, ce qui eft la même chofe,
monter de quarte fur fa tonique : c'eft ce
qu'on appelle *Cadence-parfaite.*

La même dominante, au lieu de monter
de quarte, peut ne monter que de feconde
fur une nouvelle tonique : c'eft ce qu'on appelle *Cadence-rompue.*

Ou bien elle defcend de tierce fur une
fimple-dominante : c'eft ce qu'on appelle
Cadence-interrompue (50).

---

(50) Ces trois fortes de cadences peuvent fe réduire, pour la facilité de la mémoire, à des marches
uniformes, c'eft à dire, à celles de tierce, de quinte
& de feptiéme, en defcendant (Voyez les fynonymes
de l'*Introduction*, pag. 21) : de tierce, cadence-interrompue ; de quinte, cadence-parfaite ; de feptiéme, cadence-rompue.

Une Soûdominante doit monter de quinte fur fa tonique : c'eſt ce qu'on appelle Cadence *imparfaite*, ou, *irreguliere*.

SECTION SECONDE.

Des Imitations de cadences, ou, de la marche prefcrite aux Simples-dominantes.

Une ſimple-dominante doit deſcendre de quinte fur une autre dominante, ſoit ſimple, ſoit tonique, c'eſt ce qu'on appelle *Imitation de cadence parfaite*; elle peut monter de feconde fur une autre dominante (ſimple ou tonique), c'eſt ce qu'on appelle *Imitation de cadence rompue*; ou bien deſcendre de tierce fur une autre dominante, qui fera encore ſimple ou dominante-tonique, c'eſt ce qu'on appelle *Imitation de cadence interrompue* (51).

---

(51) Ces trois Imitations peuvent fe réduire, ainſi que leurs cadences refpectives, à une marche de tierce, de quinte & de feptiéme, en deſcendant. (Voyez la *Note* précédente).

SECTION TROISIEME.

Des Cadences-évitées.

Dans la Cadence-parfaite on peut rendre la tonique fur laquelle on arrive, 1º fimple-dominante, excepté la tonique d'un mode mineur, 2º dominante-tonique, 3º foüdominante. C'eft ce qu'on appelle *Cadence-parfaite-évitée.*

Dans la Cadence-rompue on peut rendre la nouvelle tonique fur laquelle on arrive, 1º fimple dominante, 2º foûdominante, excepté dans le mode mineur, 3º dominante-tonique, excepté encore dans le mode mineur, mais feulement lorfque la dominante ne monte que d'un demi-ton. C'eft ce qu'on appelle *Cadence-rompue-évitée.*

Dans la Cadence-interrompue on peut rendre dominante-tonique la note fur laquelle on arrive ; c'eft ce qu'on appelle *Cadence-interrompue-évitée.*

On pourroit encore éviter cette derniere cadence en rendant foûdominante la note fur laquelle on arrive, mais cette licence ne peut être employée que dans le mode mineur, ou lorfque, dans le Mode majeur, au lieu de faire defcendre la Dominante de l'intervalle de tierce mineure, on la feroit descendre de tierce majeure, pour passer delà au mode qu'exigeroit cette nouvelle note, c'est-à-dire, à celui de sa quinte (52).

Outre ces manieres d'éviter les Cadences on pourroit encore, d'abord après l'accord-sensible de la Dominante d'un mode majeur, au lieu de former aucune sorte de Cadence, donner à cette dominante le caractère de Soûdominante, soit en lui conservant sa tierce majeure, pour la rendre soûdominante d'un mode majeur, soit en lui donnant une tierce mineure, pour la rendre soûdominante d'un mode mineur.

Dans le Mode mineur la Dominante ne pourroit devenir Soûdominante que d'un autre mode mineur. Pour cet effet il fau-

---

(52) Cette Licence peut être employée surtout lorsque le mode auquel on arrive est un des rélatifs d'un autre mode qui auroit précédé immédiatement celui d'où l'on part. Par exemple : si du mode principal *UT* on a passé à celui de *fa*, & que de ce mode de *fa* on revienne à celui d'*ut*, on peut alors de *fol*, dominante d'*ut*, passer à *mi-bémol*, rendu Soûdominante. Cette nouvelle soûdominante conduira au mode de *si-bémol*, rélatif de *fa*, lequel ayant paru avant le retour supposé à *ut*, prépare l'oreille à recevoir sans peine le mode de *si-bémol* bien qu'il se présente à la suite d'*ut*.

droit rendre mineure la tierce de cette nouvelle foûdominante (Voyez *premiere Partie*
pag. *39*).

SECTION QUATRIEME.

*De la maniere de fuspendre les Imitations de
cadences, & comment on peut éviter l'Imitation de cadence-interrompue.*

§. I.

Maniere de fuspendre les Imitations.

Quoiqu'une fimple dominante doive être
fuivie, dans toutes fes marches, d'une autre dominante, on peut néanmoins fufpen-
dre cette marche, en donnant à la fimple
dominante un autre caractère, felon les
Moyens fuivans.

Premier Moyen.

Une note qui a paru comme fimple dominante peut prendre le caractère de dominante-tonique, fi on change fucceffivement
l'accord de fimple-feptieme, qu'a d'abord
porté cette note, en accord-fenfible. On
donnera pour lors à la nouvelle dominante
la fucceffion qu'elle doit ou peut avoir comme dominante-tonique ; mais l'on aura foin

de confulter toujours les rapports de modulation qui doivent fe rencontrer, tant entre le mode où l'on paffe & celui où l'on
étoit lors de la fimple-dominante, qu'entre
ceux-ci & le mode principal, ou tel autre
qui ayant regné pendant quelque tems pourroit être regardé comme principal.

Deuxiéme Moyen.

Dès qu'une note quelconque a paru comme fimple dominante, on peut faire entendre, à la fuite de fon accord de Septiéme,
celui de Sixte-diffonante. Cette note prenant alors le caractère de Soûdominante, il
ne refte plus qu'à lui faire tenir la marche
affectée aux foûdominantes : l'on fufpendra
ainfi celle que cette note auroit dû ou pû
tenir d'abord comme Dominante.

On doit obferver encore ici le rapport
des modulations, puifque la note rendue foûdominante détermine un nouveau mode.

Ce rapport des modulations déterminera
encore le genre de la tierce que doit porter
la nouvelle foûdominante. Voyez au fujet
de cette tierce la premiere Partie de cet Ouvrage, pag. 39.

§. II.

Comment on peut éviter l'Imitation de cadence-interrompue.

On peut éviter l'Imitation de cadence-interrompue en rendant Soûdominante, soit d'un mode majeur, soit d'un mode mineur, la note à laquelle on est arrivé en descendant de tierce, & l'on fera tenir à cette nouvelle soûdominante la marche qui lui est propre.

Il faut encore ici avoir égard non seulement au rapport des modulations, mais encore au genre du mode où l'on passe afin d'y conformer celui de la tierce de la nouvelle soûdominante. (Voyez *premiere Partie* page 39).

Au reste il n'y a que cette Imitation qui puisse être évitée : celles de Cadence-parfaite & de Cadence-rompue ne peuvent profiter de la même Licence. On peut tout au plus suspendre leur marche, selon les deux Moyens que j'ai donnés dans le Paragraphe précédent.

CHAPITRE IV.

De l'emploi de l'accord de Septieme-diminuée, & des Transitions enharmoniques.

SECTION PREMIERE.

Emploi de la Septiéme-diminuée.

L'ACCORD de Septiéme-diminuée ne peut avoir lieu que dans le Mode mineur, & sur la note sensible de ce mode, comme on l'a vu dans la premiere Partie, pag. 46, (53), & il représente toujours, &

---

(53) Quoiqu'on puisse pratiquer cet accord dans des modes majeurs (comme on le pratique effectivement quelquefois), on n'est pas moins censé être en mode mineur dès que cet accord paroit : & bien qu'il puisse être suivi, & qu'il le soit toujours dans ce cas, d'une tonique dont l'accord-parfait est majeur, elle doit néanmoins être regardée, cette tonique, comme celle d'un mode mineur qu'on a rendu majeur en y arrivant ; ce qui est très-libre d'ailleurs, soit que l'on ait été précédemment en mode majeur, ou en mode mineur. Ainsi il est toujours vrai de dire que l'accord de Septiéme-diminuée n'appartient qu'au mode mineur, car il n'est com-

partout où il eſt employé, l'accord-ſenſible de ſa tierce majeure au-deſſous, ou, ce qui eſt la même choſe, de la dominante de ſon mode (*premiere Partie*, pag. 41 & 46). Voici les Régles qui concernent la ſucceſſion de cet accord.

REGLES DE TRANSITION.

I. On peut ſubſtituer, à l'accord-ſenſible de la Dominante, celui de Septiéme-diminuée de la tierce de cette Dominante, dans toutes les occaſions où l'on pourroit faire uſage de l'accord-ſenſible (54).

II. On peut, d'un accord-ſenſible, paſſer à

---

poſé que des notes que lui fournit la gamme de ce mode, priſe en deſcendant ; ou bien il faudroit adopter que la ſixieme note d'un mode majeur, peut, à volonté, former, avec la Dominante, l'intervalle d'un ton ou d'un demi-ton ; propriété qui n'eſt attachée qu'au mode mineur, & qui lui donne cette variété d'expreſſion dont le majeur n'eſt pas ſuſceptible, quoiqu'il ait d'autres avantages ſur le mode mineur.

(54) Cette Régle embraſſe, pour ainſi dire, une infinité de cas, dont il ne ſera pas difficile de ſe faire des exemples, ſi l'on poſſéde bien les différentes ſucceſſions énoncées dans les deux Chapitres précédents.

celui de septiéme-diminuée sur la tierce de cet accord-sensible, & de l'accord de Septiéme-diminuée revenir, si l'on veut, au Sensible.

III. On peut employer plusieurs Septiémes-diminuées de suite.

Cette Régle est une conséquence de la Premiere & de quelques autres qui concernent les *Cadences-evitees*, Sect. 3, du Chapitre précédent. S'il résulte de ces Régles qu'on peut faire plusieurs dominantes-toniques de suite, donc on peut faire également plusieurs septiémes-diminuées successives, puisqu'on peut dans tous les cas substituer une septiéme-diminuée à un accord-sensible.

IV. On pourroit encore d'une simple dominante passer à sa tierce majeure (*en la rendant telle, si elle ne l'est pas*) pour y faire entendre la Septiéme-diminuée, mais en consultant pour cet effet le rapport des modulations.

Cette Régle, ou Licence, est déduite de ce que j'ai dit dans le premier Paragraphe, Section 4, du Chapitre précédent. Si comme je l'ai établi dans le premier Moyen, page 137, l'on peut rendre successivement dominante-tonique une simple dominante, il s'ensuit qu'on peut d'une simple dominante paſſer à ſa tierce majeure pour y faire entendre l'accord de Septiéme-diminuée, puiſque cet accord repréſente celui de la Dominante, auquel on eſt libre de le ſubſtituer.

REGLES DE SUCCESSION.

Comme l'accord de ſeptiéme-diminuée n'eſt fondamental que ſecondairement, & qu'il tient lieu, comme je l'ai déja dit aſſez ſouvent, de l'accord-ſenſible de la Dominante, il eſt évident qu'on ne peut lui aſſigner aucune ſucceſſion en propre. Il faut pour cet objet, & pour toutes Régles de ſucceſſion, conſulter l'accord-ſenſible lui-même, ou, ce qui eſt la même choſe, la dominante dont la Septiéme-diminuée tient la place, & donner à cette ſeptiéme-diminuée les mêmes ſuites d'accords qu'on donneroit à la Dominante.

SECTION SECONDE.

Des Tranſitions enharmoniques.

L'accord de ſeptiéme-diminuée, employé dans les modes mineurs, fournit pluſieurs moyens pour paſſer à des modes différens de ſes rélatifs, en traitant comme notes ſenſibles chacune des notes qui compoſent cet accord. Ces fortes de tranfitions s'appellent *Enharmoniques*, parce qu'il y a toujours, dans ces changemens de modes, une ou plufieurs notes qui montent ou defcendent d'un quart-de-ton, foit réel, foit fuppofé (55).

Premier Moyen.

L'on peut, d'un accord de feptiéme-diminuée, paffer à l'une des notes qui compofent cet accord, c'eft-à-dire, ou à fa tierce, ou à fa quinte, ou à fa feptiéme, en regardant chacune de ces notes comme autant de notes-fenfibles de nouveaux modes. Comme telles, on fait porter à ces notes l'accord de Septiéme-diminuée, foit en exprimant réel-

---

(55) L'on fçait que le Quart-de-ton, appellé autrement *Dièfe enharmonique*, eft un intervalle comme celui d'*ut-dièfe* à *re-bémol*, de *fi-dièfe* à *ut*, &c. L'on fçait encore que le *Dièfe chromatique* n'eft autre chofe que le demi-ton mineur, tel que celui d'*ut* à *ut-dièfe*, de *fi* à *fi-bémol*, &c, & que le genre de chant produit par ce dernier Dièfe s'appelle *Chromatique* : ainfi le chant *Enharmonique* eft produit par le quart-de-ton, ou *Dièfe enharmonique* ; ce qui avec le chant *Diatonique*, formé de tons & de demitons majeurs, compofe les trois principaux genres de mufique, qui combinés enfemble donnent encore les genres *Diatonique-chromatique*, *Diatonique-enharmonique* & *Chromatique-enharmonique*.

lement

lement les vrais fons qui doivent former cet
accord, foit en changeant feulement le nom
de quelques uns des fons de l'accord précédent (ainfi qu'on eft obligé de le faire fur
le clavecin & fur tous les inftrumens à Touches, où l'on n'a jamais que la même Touche pour exécuter diverfes notes, comme
feroient un *ut-dièfe* & un *re-bémol*, un *fi* &
un *ut-bémol*, &c).

Deuxieme Moyen.

Lorfqu'on a deffein de paffer à une note
fenfible portant feptiéme diminuée, on peut
à fa place prendre fur le champ telle autre
note de l'accord qu'on voudra, pour la regarder, ainfi que dans le *Moyen* précédent,
comme note fenfible d'un nouveau mode,
portant feptiéme diminuée.

Troifieme Moyen.

En arrivant à la tonique annoncée par la
nouvelle note fenfible que fourniffent les
Moyens précédents, on peut, au lieu de faire
entendre cette note comme Tonique, la
rendre fur le champ dominante - tonique,
pour paffer delà au mode, foit majeur, foit
mineur, dont elle peut être fuivie comme
dominante.

K

Comme l'on arrive par ces différens moyens à des modes totalement étrangers à celui d'où l'on étoit parti, on peut par conféquent s'en fervir, dans le befoin, pour faire fuccéder plus rapidement des modes fort oppofés, fans être obligé de paffer par tous les rélatifs qui devroient les rapprocher (56).

---

(56) Quoique j'aye renfermé dans ces trois derniers Chapitres plufieurs fucceffions d'accords non ufitées, mais cependant poffibles, & fondées fur les mêmes principes que celles qui font connues, on ne doit pas s'attendre néanmoins, ainfi que je l'ai donné à connoître à la fin de la *Remarque* du Chap. 2, p. 130, à trouver ici toutes les fucceffions employées par ceux qui n'ont d'autre régle que l'exemple des tournures d'harmonie, bonnes ou mauvaifes, qu'ils trouvent dans certains ouvrages de mufique, ou qui, faute de Principes, ne fçauroient voir avec difcernement les fucceffions légitimes que pratiquent les habiles Aitiftes. On fent bien jufqu'où le défaut de principes peut mener ceux qui veulent opérer ou étudier les opérations d'autrui. Car dèslors que les principes manquent, tout manque, & nos fens même, loin de nous guider, nous trompent & nous égarent. Quelqu'un aura vû, par exemple, dans un ouvrage de réputation un accord de feptiéme fur une Note-fenfible, précédée & fuivie de fa tonique, lui en aura-t-il fallu d'avantage pour employer, à fa maniere, une pareille fucceffion? Je dis, à fa maniere, car cette feptiéme aura dû être *diminuée*, & cette

Tonique n'a pû l'être que d'un Mode mineur ; mais ce premier observateur qui n'aura vû sans doute qu'un accord de septiéme indistinctement, placé sur cette note-sensible, n'aura fait aucune difficulté de se servir indifféremment de cet accord dans la même circonstance, soit que le mode fut majeur, soit qu'il fut mineur ; il aura seulement donné un demi-ton de plus ou de moins, selon le besoin, à l'intervalle qui devoit former la Septiéme dans cet accord. D'autres Compositeurs, avec les mêmes lumieres, auront employé, d'après lui, & dans des occasions semblables, une pareille septiéme ; c'est ainsi que successivement, & par une sorte de tradition oculaire, plusieurs Musiciens pratiquent aujourd'hui une Septiéme sur la note sensible d'un mode majeur, lorsque cette note sensible est suivie de sa tonique, ou même lorsque la tonique précéde & suit cette note sensible (*). Succession des plus illégitimes, &

(*) S'il y a une nation à laquelle cette sorte d'harmonie soit familiere, c'est que cette nation ne connoît pas la SOÛDOMINANTE. Ses Musiciens, par exemple, auront dans un chant, & à la suite d'une Tonique, le passage *fa la fa re* (en Croches ou en Noires) suivi de la note *mi*. Que mettront-ils pour Basse à ces quatre notes ? Un SI, portant septiéme, & suivi d'*ut* Tonique ; tandis que la Basse-fondamentale naturelle de ce passage, Basse par conséquent la plus simple, & d'ailleurs la seule légitime, est FA soûdominante, suivi d'*ut* Tonique. Basse sur laquelle ne se trompent par nos Harmonistes, il ne faut même pour cela que connoître les trois notes essentielles du Mode (*Introduction*, chap 5, §. 2) & les accords qui leur sont affectés (I. Part. chap. 1 : il est honteux que parmi ceux des Compositeurs dans le pays desquels on a trouvé des Principes à l'Harmonie, il y en ait encore qui ignorent ces premiers élemens, qui leur dicteroient si bien les vrais accompagnemens de ces sortes de passages.

K ij

qui préfente d'ailleurs une Diffonance non préparée : car on fçait que la Diffonance d'une Simple-dominante ne fçauroit être employée fans préparation, qu'une pareille dominante ne peut, dans toutes fes marches, être fuivie que d'une autre dominante, & que dans aucun cas elle ne fçauroit l'être d'une Tonique. Ce privilége eft réfervé à la DOMINANTE-TONIQUE, ainfi nommée parce qu'il n'appartient qu'à cette forte de dominante de précéder la TONIQUE.

Enfin pour ne pas multiplier les exemples fur cette matiere, & pour terminer cette Note peut être déja trop longue, il fuffit de dire qu'il n'y a rien de fi étrange à imaginer qu'on ne trouve dans certains ouvrages de mufique. Auffi répéterai-je ici, parce que je le crois néceffaire, qu'en expofant les Régles que j'ai données fur la fucceffion des accords, je n'ai eu aucunement en vûe de juftifier toutes les fucceffions qu'on pourra rencontrer dans des Ouvrages qui ont de la réputation, mais dont les Auteurs n'ont d'autre Régle que l'oreille, ni d'autre guide, dans la maniere de chiffrer leurs Baffes, que le rapport de leurs yeux : je n'ignore pas que les opérations des fens ne font fujettes à aucune Régle, à aucune loi faites par les hommes ; je fçais que tout ce qui eft Principe, dans les fciences, que toute Régle, toute obfervation, n'eft que pour diriger les opérations de l'entendement.

Fin de l'Ouvrage, pour ceux qui n'ont pas lû le Chapitre III de la premiere Partie.

Voyez l'*Avertiffement*, p. 80.

CHAPITRE V.

De l'emploi de l'Accord-sensible avec fausse quinte.

L'ACCORD-sensible avec fausse quinte n'a lieu que dans les modes mineurs. Il se fait à la place de celui de Simple-septiéme sur la Seconde-note du ton, lorsque cette note précéde la Dominante, sur laquelle on veut former un Repos, & dont, pour cet effet, on retranche la dissonance (comme je l'ai expliqué dans la *Note* 39, pag. 87) pour ne présenter à l'oreille, cette Dominante, que comme Cinquiéme-note, ou, si l'on veut, comme une vraie tonique, mais censée Dominante.

C'est pour faire pressentir ce Repos, qu'on donne une tierce majeure à la Simple-dominante qui précéde la Cinquiéme-note ; tierce qui prend pour lors le caractère de Note-sensible de cette cinquiéme-note.

Quoique l'Accord-sensible avec fausse quinte ne soit presque connu que dans une de ses combinaisons, je veux dire, sous la forme de Sixte-superflue, rien n'empêche de l'employer sous toutes les formes énoncées dans le Chapitre III de la premiere Partie de cet Ouvrage. Bien plus, il peut être employé lors même qu'on ne doit pas former un repos sur la Cinquiéme-note, c'est-à-dire, lorsque cette cinquiéme-note auroit effectivement le caractère de Dominante, par l'Accord-sensible qu'elle porteroit, ou même, selon la premiere Régle du Chapitre IV, pag. 141, lorsqu'à cet Accord-sensible on substitueroit celui de Septiéme-diminuée.

Ainsi la succession de l'Accord-sensible avec fausse quinte s'étend, 1.° à précéder la Dominante lorsqu'elle ne se présente que comme Cinquiéme-note, c'est-à-dire, lorsqu'elle ne porte que l'Accord-parfait ; 2.° à la précéder également lorsqu'elle porte son Accord-sensible ; 3.° à précéder enfin l'accord de Septiéme-diminuée sur la Note-sensible (57).

---

(57) J'ai déja averti, au commencement de cette seconde Partie, que je réduis toute succession d'accords à celle des seuls fondamentaux ; ainsi lorsque je dis, *précéder la Dominante*, on doit comprendre dans cet énoncé toute autre note dont l'accord représente cette dominante. De même ce que je dis à l'égard de la Septiéme-diminuée doit s'appliquer aussi à toute note dont l'accord dérive de cette septiéme-diminuée.

Du reste cet accord ne doit être employé que dans des situations convenables à cause de son aspérité, laquelle se trouve encore augmentée sur les Instrumens imparfaits, tels que le Clavecin, l'Orgue, & tous les Instrumens à Touches, où l'Intervalle de tierce diminuée, qui est entre la tierce majeure & la fausse quinte de cet accord, ne peut absolument être exécuté.

Sur le Clavecin, par exemple, cette tierce diminuée, qui dans sa juste proportion est composée de deux Demi-tons majeurs (*Introduction*, pag. 15), ne peut être rendue que par des Touches dont la somme totale n'est pas même d'un ton, dans certains Modes (58). Ce défaut, outre qu'il change la forme de l'accord, y introduit de plus, pour l'oreille, une nouvelle dissonance : car au lieu d'un accord tel que seroit, *fa la ut♭ mi♭*, le Clavecin présente les notes *fa la si mi*♭, parmi lesquelles on trouve les deux dissonances *la si* & *fa mi*♭. Aussi n'est-ce pas par le Clavecin, ou par tout autre Instrument qui a les mêmes imperfections, qu'on doit juger de l'effet de l'accord dont il s'agit.

---

(58) Je dis *dans certains modes*, parce que par l'ancien Tempérament les Demi-tons n'étant pas

égaux entr'eux, il se trouve par ce moyen, sur le Clavecin, des tons, à la vérité, plus forts que d'autres (tels que celui de *sol-dièse* à *la-dièse*, &c), mais qui n'ont pas encore ce qu'il leur faudroit pour arriver à la proportion de *tierce-diminuée*, puisque le ton majeur même n'est composé que d'un demi-ton majeur & un demi-ton mineur. En revanche aussi il y a, sur le Clavecin, des tons bien foibles : car ce que le *sol-dièse*, par exemple, a de trop bas, est nécessairement autant de diminué sur le ton que cette Touche doit former avec *fa-dièse* ; & lorsque ce *sol-dièse* sert de *la-bémol*, il ne peut former, avec *fa-dièse*, qu'une tierce diminuée très-foible, & moindre de plus d'un quart de ton, ou pour mieux dire, & comme je l'ai dit aussi dans le Texte, il ne sçauroit la former : car tout intervalle n'a qu'une proportion, & l'on sçait que tout ce qui est proportion n'est aucunement susceptible du plus ou du moins.

Du reste, il seroit très-facile de rendre le Clavecin & l'Orgue moins faux & moins propres à dénaturer plusieurs intervalles ; il ne faudroit pour cela qu'y faire tous les Demi-tons égaux. C'est à quoi se réduit le Tempérament qu'a déjà proposé depuis 26 ans, M. Rameau, dans sa *Génération harmonique* (*Paris* 1737), Chap. VII ; Tempérament qu'il a fondé sur la raison, sur l'expérience, sur la succession des modes : qui est enfin le résultat d'une proportion géométrique (Voyez ibid. pag. 96), mais en pure perte ; de Sçavans seuls & des Gens de lettres y ont accédé. On en est toujours à l'ancienne maniere d'accorder, c'est-à-dire, à une maniere qui n'est rélative qu'à un petit nombre de Modes (*), sans égard à la

(*) Par ce petit nombre de modes, j'entends ceux que reçoit l'Eglise dans son Chant. Les Organistes les mettent au nombre

diſcordance qui réſulte néceſſairement de ce procédé dans d'autres modes ; & cela parce que ces autres

de huit, ſur la foi des Plainchaniſtes de qui ils les ont reçus, & dont, quoique Muſiciens, ils ne veulent point examiner l'opinion. Les Modes ou Tons de l'Egliſe ſe réduiſent, pour l'Orgue, à ceux d'*ut* majeur, de *re*, majeur & mineur, de *fa* majeur, de *ſol*, mineur ſeulement, & de *la* mineur : je ſuis faché pour ceux qui en verroient d'avantage.

Le prétendu *ſol* majeur n'a jamais exiſté dans l'Egliſe, malgré la bonne foi dans laquelle ſont les Organiſtes de croire le huitiéme ton en G-re-ſol. Qu'on me produiſe, dans tout le Chant, ſoit Ambroiſien, ſoit Grégorien, appellé vulgairement Plainchant, un ſeul morceau, réputé du Huitiéme Ton, qui ne ſoit dans le Syſtême, Gamme, Echelle ou Mode d'*ut* majeur, pris comme Mode Principal (finiſſant tant qu'on voudra par la note *ſol*; tout comme il pourroit fort bien, en ſecond Deſſus de Cor-de-chaſſe, finir par la note *mi*, ſans être plus en E-ſi-mi qu'en G-re-ſol), & je me rends.

Quant à ceux qui verroient le Quatriéme Ton en E-ſi-mi, parce qu'il finit par la note *mi*, il n'y a rien à leur dire.

C'eſt donc ſur les Modes d'*ut*, de *fa* & de *re*, majeurs : de *re*, de *la* & de *ſol*, mineurs, que porte l'ancien Tempérament. L'Orgue, pour lequel il a été dreſſé, peut toujours y être aſſujetti : car il dépend de l'Organiſte, vû l'entêtement des Facteurs, de ſe borner aux ſeuls Tons connus & reçus de l'Egliſe. Mais qu'a de commun le Claveçin, qu'ont de commun les Orgues placées dans des Concerts ou chez des particuliers, &c, qu'ont de commun, je le répéte, tous les inſtrumens de ce genre avec les Tons de l'Egliſe ? Ne faudroit-il pas à ces Inſtrumens un Tempérament aſſorti à leur deſtination ? Un Tempérament autre que celui de l'Egliſe, & qui convint à tous les Modes qu'on eſt dans le cas d'y exécuter ?

Au reſte ſi je me ſuis ſervi du terme d'*entêtement*, c'eſt que j'ai de la peine à croire que parmi les Organiſtes, du moins parmi ceux qui ont de l'oreille, il n'y en ait eu pluſieurs qui ſe ſoient plaints de la maniere dont on accorde l'Orgue, quand ils ont voulu y eſſayer quelqu'autre Mode que ceux de l'Egliſe. Il ſeroit trop humiliant pour l'Art, de penſer que perſonne n'a jamais rien dit à ce ſujet.

modes n'étoient pas anciennement en usage. Mais si les circonstances ont changé, si l'on exécute aujourd'hui indifféremment tous les Modes, non seulement sur le Clavecin, mais encore sur l'Orgue, pourquoi s'obstiner à accorder ces Instrumens rélativement à une circonstance qui n'existe plus, ou qui du moins n'est plus la seule ? Seroit-ce pas respect pour les Anciens & pour leurs traditions ? Mais ce ne seroit-là qu'un respect servile & aveugle. Qu'on fasse attention à l'état de la musique des Anciens, & à l'état de la nôtre, on verra que ce n'est en aucune maniere suivre les Anciens que d'accorder comme ils le faisoient. Ils ont accordé *rélativement aux Modes qu'ils pratiquoient*, il faut donc, pour les bien imiter, accorder *RÉLATIVEMENT AUX MODES QUE NOUS PRATIQUONS*.

Ceux qui ne veulent pas se départir de l'ancien Tempérament, vous disent pour raison (car il faut bien qu'ils en disent quelqu'une pour se dispenser de rapprendre à accorder), qu'*il doit y avoir un demi-ton majeur de mi à fa, &c ; de la à si-bémol, &c ; d'ut-dièse à re, &c.* D'abord on pourroit leur demander pourquoi ils font donc un demi-ton plus grand que le majeur, de *sol-dièse à la ?* Mais ce n'est pas là tout : il faudroit leur demander ce qu'il doit y avoir de *la à la-bémol*, de *re à re-bémol*, &c ; de *la à la-dièse*, de *mi à mi-dièse*, &c....

Or si les mêmes Touches doivent servir à exécuter tantôt un demi-ton majeur, tantôt un demi-ton mineur, il n'y a pas plus de raison de les accorder toujours dans un sens, que de les accorder toujours dans l'autre.

Mais que faire donc ? Il ne faut, pour le deviner,

que n'avoir pas appris à accorder. Il s'agit uniquement de PRENDRE UN MILIEU, de faire en sorte, s'il faut l'expliquer, que ces Touches forment une sorte de Demi-ton, mitoyen entre le majeur & le mineur, de maniere que ce Demi-ton, qu'on pourroit appeller *discrétif*, fasse entendre un Demi-ton majeur tant soit peu foible, & un Demi-ton mineur tant soit peu fort; altération qui devient pour lors comme insensible. Au lieu qu'en donnant à l'un de ces Demi-tons plus de justesse, on occasionne en même proportion, dans celui qui lui est opposé, plus de discordance.

On obtiendra ce MILIEU, si, en accordant, on affoiblit toutes les Quintes d'une égale quantité: tempérament que sa simplicité démontre être plus dans la nature, ou du moins plus raisonnable, que celui qui est en usage, & où par des Quintes foibles, de moins foibles, de justes, de fortes, de plus fortes, c'est-à-dire, par plus de travail & d'observations, on parvient à avoir plusieurs intervales insuportables.

Quelques personnes tirent de cette disproportion même des intervales un argument en faveur de l'ancien Tempérament. M. *Rameau* a prévu l'objection: en voici la réponse.

» Celui qui croit que les différentes impressions
» qu'il reçoit des différences qu'occasionne le Tem-
» péramment en usage dans chaque Mode transposé
» (*ceux avec des dièses ou des bémols*), lui élevent le
» génie, & le portent à plus de variété, me per-
» mettra de lui dire qu'il se trompe; le goût de va-

» riété se prend dans l'entrelacement des Modes,
» & nullement dans l'altération des intervales, qui
» ne peut que déplaire à l'Oreille, & la distraire
» par conséquent de ses fonctions. *Gener. harmon.*
pag. 104.

Fin de la seconde Partie.

TRAITÉ
DES ACCORDS,
ET DE LEUR SUCCESSION.

TROISIEME PARTIE.

Où l'on propose des nouveaux Accords.

CHAPITRE PREMIER.

Accords de Subſtitution altérés.

AYANT ſuivi pour la dérivation des Accords du Chapitre III de la premiere Partie, deux des moyens que fourniſſent les Principes de M. Rameau, le Renverſement & la Suppo-ſition, il paroît naturel d'eſſayer encore à cet égard la Subſtitution, ou Emprunt ; en donnant à l'accord-ſenſible avec fauſſe quinte une ſorte de Septiéme-diminuée, qui le repréſente & qui, comme lui, annonce le caractère de Tonique que la Cinquiéme note reçoit en partie du Repos qui ſe forme ſur elle (59).

Les Exemples que je donnerai dans ce Chapitre ſeront ſuppoſés être du Mode mineur de LA ; ainſi les Béquarres, employés parmi les Signes, doivent être changés en Bémols, dans les modes qui portent des bémols.

––––––––––––––––––––––––––––––

(59) Ceux qui veulent abſolument ſe renfermer dans le cercle de leurs connoiſſances, trouveront ſans doute mauvais que j'oſe propoſer des accords dont ils n'ont jamais entendu parler ; d'autres les rejetteront peut-être comme trop durs, trop diſſonans. Quant aux premiers, s'ils n'ont pas fait attention à ce qui termine la derniere Note du Chap. IV de la ſeconde Partie, p. 148, en leur déclarant ici expreſſément que cette troiſiéme Partie n'eſt pas faite pour eux, ils n'ont plus rien à me dire. A l'égard des autres, je les prie de vouloir bien examiner attentivement la choſe avant de prononcer. Ils trouveront peut-être que mes accords de ſubſtitution ſont moins durs que ne l'eſt celui de Sixte ſuperflue, auquel cependant on commence à s'accoûtumer, & que même certaines oreilles ſavourent avec tant de plaiſir. Bien plus, j'oſe avancer que ces accords peuvent infiniment adoucir l'aſpérité (s'il y en a), ſoit de la Sixte ſuper-

SECTION PREMIERE.

Accord de Septieme & tierce diminuées.

L'accord fenfible *fi re𝄪 fa𝄪 la* ayant pour accord de fubftitution la feptiéme-diminuée *re𝄪 fa𝄪 la ut*, il en réfulte que fi nous voulons donner un accord de fubftitution à l'ac-

flue même, foit de fes *co-dérivés* ou de leur accord fondamental commun. En effet, je prends, pour Exemple, l'accord de fixte-fuperflue *fa la fi re𝄪*, & je prie le Lecteur de me fuivre.

Dans cet accord ou, ce qui revient au même, dans fon fondamental *fi re𝄪 fa la*, il y a d'abord une diffonance entre les notes *la fi*, enfuite une difcordance entre la tierce diminuée *re𝄪 fa* (ou la fixte Superflue *fa re𝄪*), enfin deux fauffes quintes, l'une de *fi* à *fa*, l'autre de *re-dièfe* à *la*, ce qui, en comprenant le tout fous l'idée vague de diffonance, en fait quatre. Si l'on examine à préfent l'accord d'emprunt que je fubftitue au fondamental *fi re𝄪 fa la*, & qui doit être, dans ce cas, *re𝄪 fa la ut*, on n'y trouvera plus que trois diffonances. 1° la tierce diminuée *re𝄪 fa*, 2° la fauffe quinte *re𝄪 la*, 3° la feptiéme diminuée *re𝄪 ut* (on ne dira pas fans doute que la quinte *fa ut* eft *fauffe* ?), il y a donc dans cet accord une diffonance, ou, fi l'on veut, une afpérité de moins que dans l'accord *fi re𝄪 fa la* ?

Mais pour mieux comparer ces deux accords, on pourroit les confidérer fous un autre point de vûe :

cord-senſible avec fauſſe quinte *ſi re✗ fa là*,
ce ne pourra être que l'accord *re✗ fa la ut*,
dans lequel la tierce & la ſeptiéme (outre

---

pour cet effet il faudroit les ranger en commençant
par leurs tierces reſpectives, c'eſt-à-dire, par *re-dièſe*
dans l'un, & par *fa* dans l'autre : le premier ſeroit
re✗ fa la ſi, l'autre *fa la ut re✗*. Ne prenons à préſent que les trois premieres notes de chacune de ces
combinaiſons ; celles de la derniere, *fa*, *la*, *ut*, formeront un vrai accord-parfait majeur, au lieu que
les trois premieres notes de l'autre, *re✗*, *fa* & *la*,
ne peuvent raiſonnablement former un accord-parfait mineur, & encore moins un accord-parfait majeur, puiſque *fa* n'eſt ni la tierce majeure de *re-dièſe*,
ni ſa tierce mineure. D'ailleurs, quand même ce *re-
dièſe* auroit une tierce, ſoit majeure, ſoit mineure,
il lui manqueroit toujours une quinte, car *la* n'eſt
point ſa quinte, ce ſeroit *la-dièſe*, & le *la-naturel*
n'en eſt que la *fauſſe* quinte. Or le Faux s'allie-t-il
avec la Perfection ? Et voudroit-on appeller *parfait*
un accord dont la quinte (ſans parler de la tierce)
ſeroit à volonté juſte ou *fauſſe* ? Enfin quelques ſons
que l'on prenne dans l'accord fondamental *ſi re✗ fa
la*, ou dans ſon dérivé, la ſixte-ſuperflue, *fa la ſi
re✗*, on ne pourra jamais aſſembler deux tierces qu'il
n'y en ait une d'altérée. Mais c'en eſt peut être trop
ſur des accords que je ne prie perſonne d'adopter.
J'ai cru devoir ſeulement les propoſer comme une
nouvelle branche d'harmonie, ou, pour mieux dire,
comme un rejetton de cette harmonie, qu'on peut
en arracher ſi l'on veut.

la

la quinte) font diminuées, & qu'on peut,
pour cette raifon & pour le diftinguer de la
feptiéme-diminuée ordinaire, appeller accord de *feptiéme & tierce diminuées*.

Cet accord un fois fubftitué au *fenfible
avec fauffe quinte*, & devenu par là fondamental, doit, ainfi que la feptiéme-diminuée ordinaire, produire divers accords,
foit par renverfement, foit par fuppofition.
Nous les verrons dans la feconde Section de
ce Chapitre; l'ordre exige que je donne au-
paravant celui duquel ils dérivent.

Signes des Accords 7 ou 7 ♮ 3	*Accord fondamental.*

ACCORD de *feptiéme & tierce diminuées*, compofé de tierce diminuée, quinte diminuée & feptiéme diminuée, comme *re fa
la ut*. La quinte de cet accord en
eft la Diffonance mineure primitive, la feptiéme en eft la Diffonance diminuée (Voyez Notes
30 & 31, pag. 73).

La note qui porteroit cet accord feroit primitivement *Quatriéme-note* d'un mode mineur, mais
qui feroit devenue *note-fenfible* de
la Cinquiéme - note, fur laquelle
iroit fe former un Repos, annoncé

L

par cet accord. (Voyez au sujet de ce *Repos* la *Note 39*, pag. 87).

SECTION II.

Accords dérivés de celui de Septieme & tierce diminuées.

ARTICLE I.

Accords dérivés par Renversement.

✳6
 5

ACCORD de *Grande-sixte superflue*, composé de tierce majeure, quinte, & sixte superflue, comme *fa la ut rex*. La tierce de cet accord en est la Dissonance mineure primitive, la quinte en est la Dissonance diminuée : son accord fondamental est celui de *Septieme & tierce diminuées* de la 3ᶜᵉ diminuée au-dessous, *rex fa la ut*.

La note qui porteroit cet accord seroit *Sixiéme-note* d'un mode mineur, & annonceroit un *Repos* sur la Cinquiéme-note.

♮6
×4
 3

ACCORD de *Triton avec tierce & sixte mineures*, composé de tierce mineure, quarte superflue & sixte

Signes des Accords.

mineure, comme *la ut re♮ fa.*
La tierce de cet accord en eſt la
Diſſonance diminuée : ſon accord fondamental eſt celui de
Septieme & tierce diminuées de la
5ᵗᵉ diminuée au-deſſous, *re♮ fa
la ut.*

La note qui porteroit cet accord
ſeroit primitivement Note-principale d'un mode mineur, mais elle
prendroit en partie le caractère de
Quatriéme-note, & annonceroit un
Repos ſur la Cinquiéme-note, ſoit
qu'elle paſſât réellement à cette
cinquiéme-note, ou ſimplement à
ſa tierce majeure.

Cette note eſt Diſſonance mineure primitive elle-même.

♮4
×2 Accord de *Seconde-ſuperflue avec
quarte juſte*, compoſé de ſeconde
ſuperflue, quarte & ſixte majeure,
comme *ut re fa la.* La ſixte de
cet accord en eſt la Diſſonance
mineure primitive : ſon accord
fondamental eſt celui de *Septiéme
& tierce diminuées* de la 7ᵐᵉ diminuée au-deſſous, *re♮ fa la ut.*
La note qui porteroit cet accord

seroit primitivement *Médiante* d'un mode mineur, & prenant en partie le caractère de *Sixiéme-note*, elle annonceroit un *Repos* sur la Cinquiéme-note du ton primitif, en paſſant à l'un des ſons de l'accord de cette cinquiéme-note.

Cette note eſt Diſſonance diminuée elle-même.

ARTICLE II.

Accords dérivés par Suppoſition.

$$\begin{matrix} 9 \\ 4 \\ 7 \\ *5 \end{matrix}$$

ACCORD de *Onziéme-diminuée*, compoſé de quinte (rendue juſte par un dièſe ou un béquarre), ſeptiéme diminuée, neuviéme mineure & onziéme diminuée, comme *sol✗ re✗ fa la ut.* La neuviéme de cet accord en eſt la Diſſonance mineure primitive, la onziéme en eſt la Diſſonance diminuée ; la ſeptiéme n'y eſt qu'une diſſonance Accidentelle (Voyez *Note* 18, pag. 51) : ſon accord fondamental eſt celui de *Septiéme & tierce diminuées* de la 5te au-deſſus (j'entends 5te *juſte*), *re✗ fa la ut.*

Signes des Accords.	
	La note qui porteroit cet accord seroit *Note-sensible* d'un mode mineur, & annonceroit un *Repos* sur la Cinquiéme-note, soit en y passant réellement, soit en restant sur le même degré, au lieu d'aller à la tonique.
♮7 ×5 4	ACCORD de *Quinte-superflue avec quarte & septiéme mineure*, composé de quarte, quinte superflue, septiéme mineure & neuviéme majeure, comme *sol re♯ fa la ut* (60). La neuviéme de cet accord en est la Dissonance mineure primitive, la quarte en est la Dissonance diminuée ; la septiéme n'y est qu'une dissonance Accidentelle : son accord fondamental est celui de *Septieme & tierce diminuées* de la 5ᵗᵉ superflue au-dessus *re♯ fa la ut*.

---

(60) La quinte superflue faisant partie de cet accord, j'ai crû devoir me conformer à l'usage de la pratique pour en énoncer la construction. Il est évident que cet accord est naturellement composé de quinte, septiéme, neuviéme & onziéme, ainsi que l'accord précédent, duquel celui-ci ne differe que par le son de supposition (le *sol*) qui est ici un demi-ton mineur plus bas.

La note qui porteroit cet accord feroit *Septieme-note* (*Introduction* , pag. 28) d'un mode mineur,
mais elle annonceroit un *Repos*
fur la Cinquiéme-note, foit qu'elle
y paffât réellement, foit qu'elle fut
élevée d'un demi-ton mineur.

ACCORD de *Septiéme-fuperflue avec
fixte & neuvieme mineures ;* compofé de fixte mineure, feptiémo
majeure, neuviéme mineure &
onziéme, comme *mi re♯ fa la
ut* (61). La onziéme de cet accord en eft la Diffonance mineure
primitive, la fixte en eft la Diffonance diminuée ; la neuviéme
n'y eft qu'une diffonance Accidentelle : fon accord fondamental eft celui de *Septiéme & tierce
diminuées* de la 7me majeure au-
deffus *re♯ fa la ut.*

---

(61) La vraie conftruction de cet accord eft la fuivante :

$$7^{me}, \quad 9^{me}, \quad 11^{me}, \quad 13^{me}.$$

Si je me fuis fervi du terme de *fuperflue* dans le
nom que je donne à cet accord, c'eft pour le rapprocher de ce qui eft connu, comme j'ai fait à l'égard
de fa conftruction (Voyez *Note* 42 , pag. 93).

Signesdes Accords.

La note qui porteroit cet accord feroit *Cinquieme-note*, & fon
accord annonceroit un Repos prochain fur la même note.

ARTICLE III.

Accord particulier par fuppofition.

Le même principe qui autorife
l'accord de Neuviéme donné à la
Septiéme-diminuée, pag. 75, peut
en fournir un femblable pour celui de *Septieme & tierce diminuées*.
Il feroit formé, ainfi que l'autre,
de l'addition d'une tierce au-deffous du fon fondamental de l'accord de fubftitution : Tierce qui
dans ce cas ne devra être regardée, comme je l'ai dit *Note 33*,
(ibid.), que comme un fon par
fuppofition, quoique dans fon origine ce fon foit lui-même le fondamental de l'accord primitif que
repréfente celui de Subftitution ;
mais ce dernier accord doit être
regardé ici comme fondamental
propre, &, pour ainfi dire, comme indépendant de celui dont il
tire fon origine.

L iiij

9
8
✳

ACCORD de *Neuvieme-mineure avec tierce majeure & fauſſe quinte*, compoſé de tierce majeure, quinte diminuée, ſeptiéme mineure & neuviéme mineure, comme *ſi re✳ fa la ut*. La ſeptiéme de cet accord en eſt la Diſſonance mineure primitive, la neuviéme en eſt la Diſſonance diminuée: ſon accord fondamental eſt celui de *Septieme & tierce diminuées* de la 3ᶜᵉ majeure au-deſſus, *re✳ fa la ut*.

La note qui porteroit cet accord ſeroit primitivement *Seconde-note* d'un mode mineur, mais par le *Repos* ſur la Cinquiéme-note, que ſon accord annonce, elle pourroit être regardée comme la dominante de cette cinquiéme-note.

CHAPITRE II.

Accords par supposition dérivés de celui de la Soûdominante.

J'AI fait preſſentir dans la premiere Partie, pag. 71, qu'on pourroit donner, à la soû-dominante, un accord de Suppoſition de plus, & une autre sorte de Neuviéme. En effet, ſi dans le ton d'*ut*, par exemple, la ſimple dominante *re fa la ut*, produit une *Neuvieme* par l'addition de *ſi* au-deſſous de ſon accord, & une *Onzieme* par l'addition de *ſol*; la Soûdominante de ce même Ton, *fa la ut re*, doit produire également une Neuviéme, par l'addition de *ſi*, au-deſſous de ſon accord, & une Onzieme par l'addition de *ſol*.

On peut obſerver que le *ſi* ajoûté ici au-deſſous de *fa*, Son fondamental de l'accord, formant avec lui une quinte dimi-nuée, il en réſulte que le Son qu'on ajoûte au-deſſous d'une Soûdominante, pour for-mer un accord de Neuviéme, doit nécef-ſairement être une fauſſe quinte, & non une quinte juſte, puiſqu'on ſortiroit du

mode fi on vouloit rendre jufte cet intervalle. Ainfi l'accord de Neuviéme, qui fait
l'objet de ce Chapitre, eft abfolument différent de celui qu'on a vû dans la premiere
Partie de cet Ouvrage, pag. 69. En effet
celui-là eft formé par l'addition d'une quinte jufte au-deffous du fon fondamental, tandis que celui-ci l'eft par une quinte diminuée (62); auffi la note qui porte l'accord
que je propofe a-t-elle un caractere décidé
qui peut fervir à indiquer le ton, comme on
le verra bientôt.

---

(62) De la différence de cet Intervalle, il réfulte
une autre différence entre l'accord de la page 69 &
celui-ci. L'accord cité comporte une modulation
compliquée, une double modulation, comme je
l'ai expliqué dans la *Note*, page 71, à l'occafion de
l'Exemple XXIX de la *Génération Harmonique*, au
lieu que l'accord dont il s'agit ici, n'étant compofé
que de notes fournies par fon propre mode, s'y trouve tout renfermé.

On pourroit remarquer que l'accord de la page
citée eft fondé fur la liberté qu'on a, en arrivant à
une tonique, de la rendre fur le champ Dominante-
tonique; & c'eft cette même licence, ou pour mieux
dire, l'intention, le deffein que l'Auteur a eu de
l'employer, qu'il faut fuppofer dans l'accord de
l'Exemple XXIX de la *Génération Harmonique*. Ainfi
le *re* fur lequel on arrive, dans cet Exemple, après

Comme les intervalles qui compofent ces nouveaux accords ne font pas toujours du

---

l'accord de Neuviéme, étant confideré comme Dominante-tonique du mode de *fol* (*), donne la liberté de faire dépendre de ce mode le fon par fuppofition *ut*, de l'accord fondamental *fol fi e mi*.

Du refte, ce fon par fuppofition peut former, avec le fondamental, une quinte jufte, pour deux raifons : la premiere, c'eft qu'il annonce en fon particulier le mode auquel on a deffein de paffer; en fécond lieu, il a plus d'analogie avec l'accord qui doit le fuivre, puifqu'il fert de préparation à fa diffonance : car ce fon eft le même que celui qui va former la feptiéme dans l'accord fuivant. D'où l'on peut conclurre que le fon par fuppofition qu'on ajoûte au-deffous d'une Soûdominante, pour former un accord de Neuviéme, peut également bien être une fauffe quinte ou une quinte jufte, c'eft-à-dire, appartenir au mode actuel ou au mode prochain ; mais l'on doit obferver que l'accord qui réfulte de la quinte jufte, quoiqu'il annonce, pour ainfi dire, plus de fcience & de raifonnement dans celui qui en fait ufage, eft par cela même moins fimple, moins naturel que celui que fournit la fauffe quinte, lequel ne fuppofe ni Licence dans fa formation, ni deffein de modulation dans fon emploi.

(*) Cette *confidération* eft un peu trop marquée, dans l'Exemple cité, par le retranchement d'un fecond Diéfe, qui auroit dû être à la Clé. Il faut croire que ce retranchement n'a été fait que pour être difpenfé de mettre un Béquarre au devant de l'*ut* qui porte l'accord de Neuvieme dont il s'agit.

même genre, puisque la Soûdominante d'un mode majeur différe, par la tierce, de celle d'un mode mineur, je diviserai ce Chapitre en deux Sections. La premiere roulera sur les accords propres au Mode majeur, & la seconde sur ceux du Mode mineur. Les exemples seront toujours dans le ton d'*ut*.

Signesdes Accords.	
	## SECTION PREMIERE.
	Accords pour le Mode majeur.
	### ARTICLE I.
	Accord formé par une quinte dimi-nuée, ajoûtée au-dessous du Son fondamental.
$\frac{9}{5}$	ACCORD qu'on pourroit appeller *Neuvieme-consonante avec fauffe quinte,* composé (en se conformant à la pratique) de tierce mineure, quinte diminuée, septiéme mineure & neuviéme mineure, ou, selon ce que j'ai fait observer, *Note* 29, pag. 70, composé de quinte diminuée, septiéme mineure, neuviéme mineu-

*Signesdes
Accords.*

re & dixiéme, comme *fi fa la
ut re.*

La tierce (ou dixiéme) de cet
accord en eft la Diſſonance majeure, la feptiéme & la neuviéme
n'y font que des diſſonances Accidentelles (Voy. *Note 29, ibid.* pour
ce qui regarde la neuviéme) : fon
accord fondamental eft celui de
Sixte-diſſonante, avec tierce majeure, de la 5te diminuée au-deffus, *fa la ut re.*

Toute Note qui porte cet accord eft *Note-fenſible* d'un mode
majeur.

ARTICLE II.

*Accord formé par une feptieme,
ajoûtée au-deſſous du Son
fondamental.*

$\frac{9}{4}$:

ACCORD qu'on pourroit appeller
Onzieme-confonante, compoſé de
quinte, feptiéme mineure, neuviéme majeure & onziéme, en fe
conformant à la pratique, ou de
feptiéme, neuviéme, onziéme &
douziéme, felon la nature de l'ac-

cord (63), comme *sol fa la ut re.* La quinte de cet accord (ou douziéme) en est la Dissonance majeure ; la septiéme, la neuviéme & la onziéme n'y sont que des dissonances apparentes & Accidentelles (64) : son accord fondamental est la *Sixte-dissonante,* avec tierce majeure, de la 7ᵐᵉ mineure au-dessus, *fa la ut re.*

Toute Note qui porte cet accord est *Cinquieme-note* d'un mode majeur.

---

(63) Comme il ne peut y avoir aucun son intermédiaire entre le fondamental & celui qui est ajoûté, il s'ensuit que c'est par le son fondamental même, qui est ici une septiéme, que doit commencer la construction de l'accord.

(64) De ces trois intervalles l'un est le son fondamental, l'autre sa tierce, l'autre sa quinte ; nul par conséquent n'est proprement Dissonance, si ce n'est par comparaison au son ajoûté. Or ce son ajoûté, ce son *par supposition,* n'étant pas du corps de l'harmonie, ne peut par conséquent y rien changer, y rien ordonner. Ces trois intervalles doivent constamment suivre chacun leur marche propre, & prescrite par la Basse-fondamentale, sans égard à ce qu'ils peuvent être par rapport au son étranger.

Signes des
Accords.

SECTION II.

Accords pour le Mode mineur.

ARTICLE I.

*Accord formé par une quinte dimi-
nuée, ajoûtée au-dessous du Son
fondamental.*

$\frac{9:}{7}$ ACCORD qu'on pourroit appeller
*Neuvieme-consonante avec septié-
me diminuée*, composé de tierce
mineure, quinte diminuée, septiéme diminuée & neuviéme mi-
neure (ou 5te, 7me, 9me & 10me),
comme *si♮ fa la♭ ut re*. La
tierce de cet accord (ou 10me)
en est la Dissonance majeure; la
septiéme & la neuviéme n'y sont
que des dissonances Accidentelles (Voy. *Note* 29, p. 70) : son
accord fondamental est la *Sixte-
dissonante*, avec tierce mineure,
de la 5te diminuée au-dessus, *fa
la♭ ut re*.

Toute Note qui porte cet accord est *Note-sensible* d'un mode
mineur.

ARTICLE II.

*Accord formé par une septieme,
ajoûtée au-deſſous du Son
fondamental.*

♭9

4: ACCORD qu'on pourroit appeller
*Onziéme-conſonante avec neuvié-
me mineure*, compoſé de quinte,
ſeptiéme mineure, neuviéme mineure & onziéme (ou 7me, 9me,
11me & 12me), comme *ſol fa
la ♮ ut re*. La quinte de cet accord (ou 12me) en eſt la Diſſonance majeure ; la ſeptiéme, la
neuviéme & la onziéme n'y ſont
que des diſſonances Accidentelles (Voyez la *Note* précédente) :
ſon accord fondamental eſt la
Sixte-diſſonante, avec tierce mineure, de la 7me mineure au-deſſus, *fa la ♮ ut re*.

Toute Note qui porte cet accord eſt *Cinquïeme-note* d'un mode
mineur (65).

(65) Je dois avertir que les noms que j'ai propo-
ſés, pour les accords de ce Chapitre, ſont plus conformes

formes à la conſtruction de pratique, ſous laquelle
je les ai premierement préſentés, qu'à leur conſtruction eſſentielle & propre. Il eſt hors de doute que
les accords que j'ai appellés de *Neuviéme* ſeroient
plûtôt des accords de *Dixiéme*, ſi l'on conſultoit la
Baſſe-fondamentale, & qu'on voulut ſuivre la pro-
greſſion obſervée dans les accords connus de Septiéme, de Neuviéme & de Onziéme, où le ſon le plus
haut, & qui eſt en même tems la diſſonance de l'accord, lui donne, comme on voit, ſa dénomination.
De même les accords que j'ai appellés de *Onziéme*,
à cauſe de la conformité qu'ils ont avec ceux aux-
quels en effet ils reſſemblent, ſeroient plûtôt, ſur
les mêmes principes, de vrais accords de *Douziéme*,
puiſque leur Son extrême eſt une Douziéme, laquelle eſt également la Diſſonance de l'accord, ainſi
que la dixiéme l'eſt dans les premiers.

Si jamais on donnoit leurs vrais noms à ces accords, on pourroit alors, en rangeant ces noms ſelon
l'ordre naturel des Nombres qui les expriment, dreſ-
ſer une formule dont l'uſage ſeroit de préſenter d'a-
bord ſous un même point de vûe tous les accords
par ſuppoſition en général, & où cependant l'on
diſtingueroit facilement les accords qui proviennent
du fondamental de la Soûdominante, d'avec ceux
que fourniſſent les différentes ſortes d'accords de
ſeptiéme ; diſtinction très néceſſaire, eſſentielle même pour ce qui regarde le genre de la Diſſonance
de ces accords & la marche que cette diſſonance
doit tenir.

Formule

M

*Formule repréſentant par ordre les accords
de Suppoſition.*

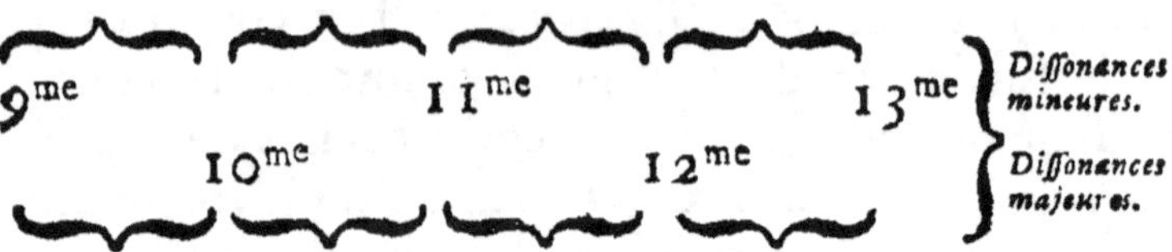

On obſerveroit que les accords qui ſont déſignés
par les nombres impairs , & qui forment comme la
ligne ſupérieure de cette formule, ſont dérivés d'un
accord de Septiéme, pris en général ; & que ceux qui
ſont déſignés par les nombres pairs (10, 12) ſont
dérivés de l'accord fondamental de la Soûdominante.
On pourroit remarquer encore que dans les accords
contenus dans la ligne ſupérieure la Diſſonance eſt
mineure & doit être ſauvée en deſcendant, & que dans
les accords de la ligne inférieure la Diſſonance eſt
majeure & doit ſe ſauver en montant.

Du reſte, ſous les noms de *Neuviéme* & de *Onziéme,*
je comprends tant les deux ſortes de Quintes-ſuper-
flues, que la Septiéme dite fauſſement *Superflue.* Ces
accords ne ſont eſſentiellement , & dans le vrai, que
des Neuviémes ou des Onziémes, dont la quinte dans
les unes eſt ſuperflue, & dont la ſeptiéme, dans l'autre , n'eſt ſimplement qu'une ſeptiéme majeure : la
diſtinction qu'on a miſe entre ces accords eſt l'effet
de la ſenſation que faiſoient ſur l'oreille & l'eſprit
des Muſiciens certains intervalles qui les épouvan-
toient autrefois. Faut-il s'étonner ſi les noms qu'ils
ont impoſés à ces accords ne ſont pas toujours conformes à leur nature ! Enfin ſous le nom de Treizié-

CHAPITRE III.

Accords par supposition pour les Dominantes.

PUISQUE dans l'accord appellé de *Septie-me-superflue avec sixte* la note par sup-position forme un intervalle de septieme avec le son grave & fondamental de l'ac-cord de *Septieme-diminuée*, ne pourroit-on pas de même dans les autres sortes d'accords de *Septieme*, outre la tierce & la quinte qu'on s'est contenté d'ajoûter au-dessous de leur son fondamental, y placer encore l'in-tervalle de septieme, d'où résulteroient de nouveaux accords, & par conséquent de nouveaux moyens pour varier les effets de l'Harmonie? Si les sons par supposition sont regardés, dans les principes de cette Scien-

me je comprends encore l'accord dit de Septiéme-superflue avec sixte, puisqu'en effet cet accord n'est autre chose, selon sa construction naturelle, qu'un accord de Treiziéme (Voyez la premiere Partie, page 77).

Je desire que cet Exemple & la méthode que j'y puise ne restent pas inutiles.

M ij

ce, comme *furnumeraires*, comme des *notes de goût*, des *notes hors d'œuvre*, *fans lefquel-les* & *avec lefquelles l'Harmonie fuit egale-ment fon cours naturel* (*), rien ne femble devoir empêcher l'addition de l'intervalle que je propofe.

Dès que ce nouveau fon ne fera, ainfi que dans les accords par fuppofition con-nus, que comme furnumeraire, qu'il ne fera qu'un hors d'œuvre qui ne fauroit en aucune maniere interrompre ce *cours naturel* que doit fuivre l'harmonie, ne feroit-ce pas circonf-crire l'Art que de ne vouloir pas profiter de tout ce que peut fournir le principe de la Suppofition ?

J'ai ofé préfenter de nouveaux accords altérés, je ne dois plus craindre de propofer les fuivans, qui ne fubiffent aucune alté-ration, & dont toute la difcordance, ne provenant que d'un fon qui ne tient pas au corps de l'harmonie effentielle & fonda-mentale, peut très-bien être contrebalan-cée par l'effet propre à cette harmonie fon-damentale.

(*) Termes du Fondateur des Principes de l'Har-monie, dans fa *Differtation fur les différentes Méto-des d'Accompagnement*, page 18 ; dans fon *Traité de l'Harmonie*, page 74, & ailleurs.

Voici comment je procéde pour la formation de ces accords.

Par exemple, lorſqu'au-deſſous de la Septiéme *la ut mi ſol* on ajoûte la tierce *fa*,
on a l'accord de neuviéme *fa la ut mi ſol*;
lorſqu'on y ajoûte la quinte *re*, on a l'accord
de onziéme *re la ut mi ſol*. Ajoûtons à préſent la ſeptiéme *ſi*, & nous aurons l'accord
ſi la ut mi ſol, compoſé de 7me, 9me, 11me
& 13me; ou, pour le rapprocher des idées
de la pratique, compoſé de 6te, 7me, 9me
& 11me, tel que celui de Septiéme-ſuperflue avec ſixte (Voyez la premiere Partie,
page 77).

Suppoſons à préſent, pour un ſecond
exemple, l'accord-ſenſible *la ut mi ſol*.
On ſçait qu'une tierce majeure, placée au-
deſſous d'un accord-ſenſible quelconque,
produit un accord de Quinte-ſuperflue,
& qu'une quinte, ajoûtée au-deſſous du même accord fondamental, produit un autre
accord appellé, quoiqu'improprement, de
Septiéme-ſuperflue; or ajoûtons encore au-
deſſous de *la ut * mi ſol* la ſeptiéme *ſi* ou
ſi♭, & nous aurons les accords *ſi la ut **
mi ſol* ou *ſi♭ la ut * mi ſol*; le premier,
compoſé (ſelon la pratique) de ſixte mineure, ſeptiéme mineure, neuviéme majeure & onziéme; & le ſecond, de ſixte ma-

M iij

jeure, septiéme majeure, neuviéme, vraiment superflue, & onziéme superflue.

Du reste dans ces accords il ne peut jamais y avoir que la sixte (ou treiziéme) qui, selon la Basse-fondamentale, doive être réputée dissonance; les autres intervalles, superflus ou justes, ne sont dissonans qu'accidentellement, c'est-à-dire, par comparaison au son ajoûté, qui, comme l'on sçait, n'étant pas du corps de l'harmonie, puisqu'il lui est étranger, ne sçauroit ôter à ces intervalles le caractère primitif de consonans, qu'ils reçoivent de la Basse-fondamentale. Ainsi j'appellerai ces intervalles, comme j'ai nommé leurs semblables, *Dissonances Accidentelles*. A l'égard de la construction de ces accords je me conformerai à l'usage de la Pratique, ainsi que pour les noms & les signes que je leur donne (66).

---

(66) J'ai cru devoir suivre en ceci les idées reçues, afin que ces accords ne parussent pas plus singuliers qu'ils ne sont. Si jamais ils sont adoptés, on sera toujours à tems, en les envisageant sous l'aspect qu'ils doivent l'être, de leur donner des noms plus conformes à leur nature & à leur vraie construction.

SECTION PREMIERE.

Accord dérivé d'une Simple-septieme.

$\frac{9}{4}{6}$ ACCORD de *Onzieme avec sixte*, composé de sixte, septiéme, neuviéme & onziéme. Tous ces intervalles doivent se prendre tels qu'ils sont dans le Mode où l'on est, c'est-à-dire, majeurs ou mineurs &c. Voyez ce que j'ai dit à ce sujet dans la premiere Partie de cet Ouvrage, pag. 54. La sixte de cet accord en est la Dissonance mineure ; la septié-me, la neuviéme & la onziéme n'y sont que des dissonances Accidentelles : son accord fonda-mental est celui de *Simple-septie-me* de la 7ᵐᵉ au-dessus.

La note qui porteroit cet ac-cord ne peut être considérée que comme septiéme au-dessous d'une simple dominante (*), & toutes les notes du ton, excepté la *Sixieme-note* pourroient porter cet accord.

(*) *Voyez page* 54.

SECTION SECONDE.

Accords dérivés du Senſible.

$\overset{\times 9}{\underset{6}{4}}$ ACCORD de *Onzieme avec neu-vieme majeure & ſixte mineure*, compoſé de ſixte mineure, ſep-tiéme mineure, neuviéme ma-jeure & onziéme, comme *la ſol ſi re fa*, ou *la fa ſol ſi re*. La ſixte de cet accord en eſt la Diſ-ſonance mineure ; la ſeptiéme, la neuviéme & la onziéme n'y ſont que des diſſonances Acci-dentelles : ſon accord fondamen-tal eſt le *Senſible* de la 7ᵐᵉ mi-neure au-deſſus, *ſol ſi re fa*.

Toute note qui porteroit cet accord ſeroit ou *Sixieme-note* d'un mode majeur, ou la *ſixieme* ma-jeure d'un mode mineur.

$\overset{\times 2}{\underset{6}{\times 4}}$ ACCORD de *Onzieme-ſuperflue avec ſixte*, compoſé de ſixte majeure, ſeptiéme majeure, neuviéme ſu-perflue & onziéme ſuperflue, comme *la♭ ſol ſi♮ re fa*, ou, *ia♭ fa fol fi♮ re.* La fixte de cet accord en eft la Diffonance mineure ; la feptiéme, la neuviéme & la onziéme n'y font que des diffonances Accidentelles : fon accord fondamental eft le *Senfible* de la 7ᵐᵉ majeure au-deffus, *fol fi♮ re fa.*

Toute note qui porteroit cet accord, feroit *Sixieme-note* d'un mode mineur.

CHAPITRE IV.

De la fucceffion des accords propofés dans cette troifieme Partie.

TOus les accords de fubftitution altérés étant contenus dans le fondamental dont ils dérivent, c'eft-à-dire, dans celui de *Septieme & tierce diminuées*, & celui-ci n'ayant, ainfi que la Septiéme-diminuée ordinaire, aucune fucceffion en propre, on doit lui donner la même qu'on donneroit à l'*Accordfenfible avec fauffe quinte*, dont il tient la place. Voyez pour cela le Chapitre V de la feconde Partie, pag. 149.

Quant aux accords de fuppofition dérivés foit de la Soûdominante, foit des diverfes Dominantes, des deux Chapitres précédens, il faut, à l'égard de la fucceffion qu'on doit

leur donner, confulter leurs accords fondamentaux refpectifs. Ainfi voyez dans le Chapitre III de la feconde Partie, page 132, ce
qui concerne la Dominante, la Soûdominante & les fimples dominantes (*Sect.* 1 & 2).
Voyez encore les Sections 3 & 4 du même
Chapitre pour tout ce qui peut s'apliquer aux
unes & aux autres de ces notes de caractère.

J'ajoûterai feulement ici au fujet de l'emploi des nouveaux accords par fuppofition
que j'ai donnés aux dominantes, qu'on pourroit tirer de ces accords divers fecours dans
la pratique de l'harmonie.

Par exemple, l'accord qui dérive d'une
Simple - feptiéme (page 183), fournit le
moyen de former un *Point d'orgue* fur différens degrés d'un mode, principalement
fur la tonique, la médiante & la dominante, en employant pendant ce point d'orgue,
les diverfes fucceffions de dominantes que
l'on connoît. 1° Celle de quinte, comme
ut, fa, fi, mi, &c ; 2° celle qui eft alternativement de tierce & de quinte, comme *ut, la, re, fi, mi,* &c ; 3° celle de
tierce & de feconde, *ut, la, fi, fol, la,* &c.
Non feulement les trois notes que j'ai nom-
mées peuvent former un Point d'orgue pendant le cours de ces dominantes, mais on
trouvera que toutes les notes de la Gamme

poúrront également en former un, ſi on le
fait commencer dès que ces notes peuvent
entrer dans l'harmonie de quelqu'une de
ces dominantes. Ce qui arrive à la premiere
dominante, pour la Quatriéme & la Sixiéme notes; & pour la Note ſenſible, à la ſeconde ou à la troiſiéme dominante, ſelon
la marche qu'on aura priſe (67).

----

(67) Au reſte, par *Point d'orgue*, je n'entends
point ces Tenues de Baſſe pratiquées par certains Organiſtes, où à la faveur de la legéreté de leur main
l'oreille n'a pas le tems d'être offenſée de tous ces
ſons hors du Mode & de la Sphere de l'harmonie
qu'ils font correſpondre à cette ſorte de Baſſe, lorſqu'ils n'ont pu trouver la véritable. Je n'entends pas
non plus ces *Taſto ſolo*, dans la muſique, qu'on
prend le bon parti de ne pas Chiffrer; encore
moins ce que les Italiens appellent *Cadenza*, où
le Chanteur paſſe à ſon gré par toute ſorte de
ſons pendant la Tenue de la Baſſe; tenue que ceux
qui ont encore de l'oreille abandonnent aujour-
d'hui, à la moindre menace de commotion déſa-
gréable, pour y revenir enſuite lors du *Tril* qui,
en annonçant que le Chanteur n'imagine plus rien,
les avertit qu'ils peuvent en ſûreté reprendre la *Cadenza* pour la terminer. Le Point d'orgue que fourniſſent mes accords de ſuppoſition peut très-bien être
Chiffré, & les divers ſons, par leſquels on paſſe pendant qu'il tient, peuvent être traités comme notes
d'harmonie, puiſqu'ils entrent dans le groupppe de
l'accord.

On pourroit souhaiter quelques Exemples en notes de musique, tant pour cet accord que pour ceux que j'ai dérivés de l'Accord-sensible ; mais ce que j'ai déjà dit à cet égard, pourra suffire aux personnes intelligentes. Je craindrois que ces Exemples ne devinssent une source d'écarts pour ceux qui ne s'instruisent que par les yeux.

F I N.

E R R A T A.

Pag.	Lignes.	Fautes.	Corrections.
69	2	Accords dérivés	Accord dérivé
76	26	surpris	surpris
90	18	Tonique	Note-principale
94	4	le Mélodie	la Mélodie
97	3	de l'*ut* forment	de l'*ut*, formant
102	25	p. 68	p. 60
104	7	faute de	faute de
106	29	prescrit	prescrites
107	10	connoissances	connoissance
110	15	appellé	appelle
111	21	retardement	retardement
112	8	de la premiere Partie	*Effacez ces mots.*
117	14	5te & 7me diminuée	...... diminuées
154	7	pas respect	par respect
161	5	un fois	une fois
173	1	dixieme	dixieme mineure

TABLE ALPHABETIQUE DES ACCORDS
contenus dans la troisiéme Partie.

Fin de la Table des Accords.

APPROBATION.

J'AI examiné, par ordre de Monseigneur le Chancelier, le *Traité des Accords, & de leur Succession, selon le Système de la Basse-fondamentale*, & je crois que cet Ouvrage sera utile au public. A Paris, le 19 Août 1763.

DE LALANDE.

PRIVILEGE DU ROI.

LOUIS, PAR LA GRACE DE DIEU, ROI DE FRANCE ET DE NAVARRE : A nos amés & féaux Conseillers, les Gens tenant nos Cours de Parlement, Maîtres des Requêtes ordinaires de notre Hôtel, Grand-Conseil, Prévôt de Paris, Baillifs, Sénéchaux, leurs Lieutenans Civils, & autres nos Justiciers qu'il appartiendra, SALUT. Notre amé le Sieur ABBÉ ROUSSIER, Nous a fait exposer qu'il desireroit faire imprimer & donner au Public un Ouvrage qui a pour titre, *Traité des Accords, & de leur Succession, selon le Système de la Basse-fondamentale*, s'il Nous plaisoit lui accorder nos Lettres de Permission pour ce nécessaires. A CES CAUSES, voulant favorablement traiter l'Exposant, Nous lui avons permis, & permetrons par ces Présentes, de faire imprimer ledit Ouvrage autant de fois que bon lui semblera, & de le faire vendre & débiter partout notre Royaume pendant le tems de trois années consécutives, à compter du jour de la date des Préfentes. Faisons défenses à tous Imprimeurs, Libraires, & autres perfonnes de quelque qualité & condition qu'elles foient, d'en introduire d'impreffion étrangere dans aucun lieu de notre obéiffance : à la charge que ces Préfentes feront enregiftrées tout au long fur le Regiftre de la Communauté des Imprimeurs & Libraires de Paris, dans trois mois de la date d'icelles ; que l'impreffion dudit Ouvrage fera faite dans notre Royaume, & non ailleurs, en bon papier & beaux caracteres, conformément à la feuille imprimée & attachée pour modele fous le contre-fcel des Préfentes ; que l'Impétrant fe conformera en tout aux Réglemens de la Librairie, & notamment à celui du 10 Avril 1725 ; qu'avant de l'expofer en vente, le Manufcrit qui aura fervi de Copie à l'impreffion dudit Ouvrage, fera remis, dans le même état où l'Approbation y aura été donnée, ès mains de notre très-cher & féal Chevalier, Chancelier de France, le Sieur De la Moignon, & qu'il en fera enfuite remis deux Exemplaires dans notre Bibliothéque publique, un dans celle de notre Château du Louvre, un dans celle dudit Sieur De la Moignon, & un dans celle de notre très-cher & féal Chevalier, Vice-Chancelier & Garde des Sceaux de France, le Sieur de Maupeou : le tout à peine de nullité des Préfentes ; du contenu defquelles vous mandons & enjoignons de faire jouir ledit Expofant, & fes ayans caufe, pleinement & paifiblement, fans fouffrir qu'il leur foit fait aucun trouble ou empêchement. Voulons qu'à la Copie des Préfentes, qui fera imprimée tout au long au commencement ou à la fin dudit Ouvrage, foi foit ajoûtée comme à l'Original. Commandons au premier notre Huiffier ou Sergent, fur ce requis, de

192

faire, pour l'exécution d'icelles, tous Actes requis & nécessaires, sans demander autre permission, & nonobstant Clameur de Haro, Charte Normande, & Lettres à ce contraires : CAR TEL EST NOTRE PLAISIR. DONNÉ à Paris, le sixiéme jour du mois de Juin, l'an de grace mil sept cent soixante-quatre, & de notre Regne le quarante-neuviéme. Par le Roi en son Conseil, LE BEGUE.

Regiſtré ſur le Regiſtre XVI de la Chambre Royale & Syndicale des Libraires & Imprimeurs de Paris, No 256, fol. 120, conformement au Reglement de 1723, qui fait défenſes, Art. 41, à toutes perſonnes, de quelque qualité & condition qu'elles ſoient, autres que les Libraires & Imprimeurs, de vendre, débiter, faire afficher aucuns Livres, pour les vendre en leurs noms, ſoit qu'ils s'en diſent les Auteurs ou autrement, & à la charge de fournir à la ſuſdite Chambre neuf Exemplaires, preſcrits par l'Art. 108 du même Reglement. A Paris, le 9 Juin 1764.

DESPILLY, Adjoint

De l'Imprimerie de BALLARD, Imprimeur du Roi.

www.ingramcontent.com/pod-product-compliance
Lightning Source LLC
LaVergne TN
LVHW011947180726
843502LV00005B/1350